太平洋戦争への道 1931−1941

半藤一利 Hando Kazutoshi
加藤陽子 Kato Yoko
保阪正康［編著］ Hosaka Masayasu

はじめに

ＮＨＫラジオセンター　児島芳樹

「この機会に、満州事変に始まるこの戦争の歴史を十分に学び、今後の日本のあり方を考えていくことが、今、極めて大切なことだと思っています」

二〇一五年（平成二十七年）元日、当時天皇だった上皇さまが、戦後七十年を迎えて表された感想です。一九三一年（昭和六年）の満州事変に始まった中国大陸での戦争は、やがて日中戦争へと広がり、一九四一年（昭和十六年）にはアメリカやイギリスを相手に加えた太平洋戦争へと拡大しました。一連の戦争は、「十五年戦争」とも呼ばれます。

今年（二〇二一年）は太平洋戦争の開戦から八十年。日本は、なぜ、無謀な戦争への道を選んだのでしょうか。

本書は、ＮＨＫラジオの特集番組「太平洋戦争への道～戦前日本の歴史の選択～」

（二〇一七年八月十五日放送）をもとに、ノンフィクション作家の保阪正康さんに本編の議論を補足する解説を書き下ろしていただき、まとめたものです。

番組では、『それでも、日本人は「戦争」を選んだ』で太平洋戦争へと至る歴史に新たな光をあてた東京大学教授の加藤陽子さんを案内役に、戦争の時代を体験し『昭和史』で歴史のドラマを生き生きと伝えた作家の半藤一利さん、『ナショナリズムの昭和』など戦争と昭和史についてさまざまな角度から検証してきた保阪正康さんを迎え、三人の議論を通して満州事変から太平洋戦争へと至る日本の選択について考えました。

三人のみなさんには、二〇一七年夏の暑い日にNHKに集まっていただきました。議論を始めたところ、昭和史の核心ともいうべき十年間について語るべきことは山のようにあり、それぞれのテーマについて話は尽きません。進行役の加藤さんの必死の努力で何とか最後まで辿り着くことができたものの、収録が終わったときには夜になっていて、みなさん疲労とともに安堵の表情を浮かべていたのが印象的でした。限られた時間で収録するには無謀な企画だったと反省しました。けれども、昭和史に精通する三人の議論は時を忘れさせ、歴史の奥深さを改めて教えてくれるものでした。放送は幸い好評で、戦争への歩みを〝一筆書き〟で辿ったことで、戦争の時代の輪郭を描き出せたように思います。

私の母方の祖父は、一九四四年(昭和十九年)に仕事で赴任していたフィリピンのマニラで現地召集され、妻と子ども三人を残して三十八歳で戦死し、遺骨も戻りませんでした。

私は、一九八〇年代後半の学生時代に鶴見俊輔(しゅんすけ)や丸山眞男(まさお)を読むことで、先行する世代がいかに深く戦争という経験に向き合ってきたのかについて、知るようになりました。

「過去に目を閉ざす者は結局のところ現在にも盲目になります」(『荒れ野の40年』)

一九八五年、西ドイツのヴァイツゼッカー大統領による有名な演説の言葉です。ナチスという過去は、決して過ぎ去るわけではありません。

「ヒトラーはいつも、偏見と敵意と憎悪とを掻きたてつづけることに腐心しておりました。

若い人たちにお願いしたい。他の人びとに対する敵意や憎悪に駆り立てられることのないようにしていただきたい」(同)

いま、世界では、「事実」を巡って認識が分かれ、対立が深まっているとも言われます。

SNSの普及により、人びとは事実か否かよりも「信じたいものだけ信じる」傾向が強まっているとの分析もあります。歴史認識を巡っても、国や民族など立場の違いから意見が分かれ、それぞれの言い分を主張するばかりの「水かけ論」に終始する場合が見られます。

「水かけ論」は、どうすれば脱却できるのでしょうか。対立から先に進むには、立場を超えた共通の前提にまで立ち戻る必要がありますが、それは「事実」と「論理」をおいて他にありません。自然科学をはじめ学問の発展を支えてきた実証的な考え方です。

半藤一利さんは、自らを「歴史探偵」と称しました。あくまでも事実に基づく証拠を集め、その意味を批判的に考えることを通して歴史を解明する努力を大切にされました。

近年、政府内部での公文書改竄（かいざん）が明らかになりましたが、戦争への歴史は、たとえ都合の悪いことであっても「なかったこと」にしてはならないことを教えています。

半藤さんは、『昭和史』の最後の部分で、「昭和の歴史というのはなんと多くの教訓を私たちに与えてくれるかがわかる」とした上で、「しっかりと見なければ見えない、歴史は決して学ばなければ教えてくれない」と締めくくっています。

本書を通して、読者のみなさんが昭和史への関心を深め、三人の著者たちの豊かな仕事の世界にふれるきっかけにしていただければ、幸いに思います。

今回の書籍化については、放送後にNHK出版の星野新一さんから提案をいただき進めていましたが、昨年、保阪さんに編者として書き下ろしをお引き受けいただけたことで、太平洋戦争開戦から八十年の節目に出版を実現できました。放送では紹介しきれなかった議論の詳細や補注、そして時代背景についての多角的な解説は、書籍で初めて可能になりました。

番組にご協力いただいた半藤一利さん、加藤陽子さん、そして出版に際し特別にご尽力いただいた保阪正康さんに、こころより感謝申し上げます。残念ながら、半藤一利さんは、本書の準備中の二〇二一年一月にご逝去されました。謹んでご冥福をお祈りいたします。

太平洋戦争への道　１９３１－１９４１　目次

序章　太平洋戦争とは何か

「堪へ難きを堪へ、忍び難きを忍び、以て万世の為に太平を開かむと欲す」

一九四五年（昭和二十年）八月に終わった太平洋戦争は、国内外に甚大な惨禍をもたらし、日本人だけでも三百万人以上、アジアでは一千万を超える人々が犠牲になったと言われます。

アメリカとの戦争は一九四一年（昭和十六年）に始まりますが、そこに至る道は、日本が中国で起こした戦争から始まりました。

一九三一年（昭和六年）の満州事変[*1]をきっかけに、日本は国際連盟から脱退し、国際的孤立を深めます。その後、日中戦争が長期化するなか、日独伊三国軍事同盟は、アメリカとの対立を決定的にしました。

日本はなぜ、無謀な戦争へと向かったのでしょうか？　戦争までの歩みは、私たちに何を問いかけているのでしょうか？

満州事変から太平洋戦争に至る日本の歩みを辿り、その意味を改めて考えます。

今改めて「あの戦争」をどう見るか

加藤　今年は、二〇一七年（平成二十九年）で、終戦から七十二年が経ちました。今改めて、先の戦争をどう見ますか。

半藤　私は、昭和五年、一九三〇年の生まれです。満州事変の直前に生まれたわけですから、子どものときからいわゆる戦争というものが私の身の回りにずっとありました。そして、一九四五年（昭和二十年）の三月十日は東京におりましたので、いわゆる東京大空襲を受けまして、危うく死ぬ寸前まで行きました。

当時、私は十五歳、中学三年生でしたが、焼け跡に立ちまして、いったいこの国はどうしてこんなになってしまったのかと、本当にそう思いました。そして、なんにもない焼け野原を見ながら、私は死ぬまで「絶対」という言葉を使わないと誓いました。「絶対日本は勝つ」とか、「絶対日本は正しい」とか、「絶対俺は人を殺さない」とか、「絶対この国はアジアの盟主になれる」とか、そんな一種のスローガンをずいぶん聞かされましたが、そういうものは全部ウソだとわかってしまった。だから、これからは本当に死ぬまでこの言葉を使わないぞと思い、実際に現在に至るまで使っていません。

そういう人生を送ってきましたので、どうしてこういう国になったのかということを理解するために、昭和史を一生懸命に勉強し続けているというのが正直なところでして、気がつくと八十七歳です。戦争体験者もあんまりいなくなり希少価値になってきたのかもしれないので、もう少し頑張ろうかと思っております。

保阪　私は昭和十四年、一九三九年、北海道の生まれです。一九四五年の七月以降、北海道も爆撃を受けました。私の住んでいた内浦湾（うちうらわん）の町から海を挟（はさ）んで室蘭（むろらん）の製鉄所がありましたが、そこが爆撃を受けて火の玉が空に上がるような情景を見ました。語弊（ごへい）があるかもしれませんが、それがすごくきれいだったという記憶があり、それが戦争のイメージでもあります。

ですから、私の戦争体験というのは、生き死にというよりも、そういった五歳の子どもの記憶に残っている風景、光景の中にある。それが、一九四六年に小学校に入ると、教育内容はがらりと変わって、あなたたちは民主主義の子だと、日本はとんでもない戦争をやったのだということを先生から教えられました。

遊んでいるときに、私より二つか三つ年上の人は、みんな、神武（じんむ）天皇に始まる歴代天皇の名を覚えていて、暗唱したりします。でも、私たちの世代がそれをやると、先生に「そんなことを覚える必要はない」と叱（しか）られてしまう。戦時中は五、六年生になると、歴代天皇の名前だけでなく。教育勅語*2なども暗唱しましたが、私たちはそういうことを知らない。むしろ否定されたのです。

私たちの世代の多くが左翼体験を持っています。善悪は別にして、そうした視点で戦争を見ますから、かたい言葉になりますが、「帝国主義間の市場争奪戦争だ」みたいな論が幅をきかせていました。しかし、私はしだいに疑問を抱きはじめたわけです。

戦争中、まだ二十歳を越えたくらいの青年たちが、どうして鉄砲を担いでニューギニアや中国の奥地へ行かねばならなかったのか。あるいは、なぜ今なお太平洋の海の底に沈んでいなければならないのか。そして、その人たちの気持ちというのはいったいどんなものだったのかと考えるようになり、それを検証して後世に伝えていきたいという気持ちが、年を経るにつれて高まってきたのです。

もちろん、学問として私たちが習った太平洋戦争の歴史的総括——たとえば、日本が侵略したというようなことに関しては、世代的にも私は一定の共鳴をしています。それを前提に、より実証的に調べてみようという道へ入ったというわけです。

半藤　私と保阪さんは十歳ぐらいの年の差ですから、神武、綏靖、安寧、懿徳、孝昭、孝安、孝霊、孝元、開化、崇神、垂仁、景行……と、安閑天皇（第二十七代）ぐらいまでは言えますね。

保阪　私は、孝明、明治、大正、昭和と、最近の天皇は言えますが、そのくらいですね。

加藤　私の場合は、昭和三十五年、一九六〇年の生まれで、埼玉県大宮市で育ちましたが、当時はまだ防空壕がありました。戦争を経験した世代が社会に戻り、壮年として働いているぎりぎりのころですね。私にとって戦争というのは、中国と始めていながら、途中で相手がアメリカに変わったという教科書的な出来事である一方、親たちの世代の体験として聞いた東京大空襲、その半年前のサイパン陥落[*3]から硫黄島玉砕[*4]というような、被害の語りとして強く記憶に残っています。ですから、「あの戦争とは何だったのか」と定義することがすごく難しいと思っていました。

保阪　やっぱり戦争の捉え方というのは、社会の各年代層によって違いますよね。

加藤　全然違いますね。

保阪　その違いがあるということが、逆に言えば、社会の戦争を見る目の多様化につながるのだと思います。その多様化そのものがやはり基本的には大事で、しかしその前提にある「あの戦争」について、問われなければならない問題が非常に多いのも事実です。もっと言うと、戦争は政治の失敗そのものの延長にあるという視点から、戦争の仕組みについて考える必要があると思います。

太平洋戦争か、大東亜戦争か

加藤　本日は「太平洋戦争への道」というタイトルでお話ししていますが、実は五十数年前、このタイトルで本が出ています。日本国際政治学会編の『太平洋戦争への道』[*5]という七冊の歴史研究書です。ということは、かなり長い間、我々はこの「太平洋戦争への道」という見方でこの時代を考えてきたわけですね。

半藤　「太平洋戦争」か「大東亜戦争」[*6]かという議論がありますね。戦争というのは、戦争相手の国名を入れる場合が多い。たとえば「日露戦争」とか「日清戦争」など。あるいは「関ヶ原の戦い」のように戦争の場所を入れる場合もある。そういう意味で言うと、「あの戦争」は太平洋で戦ったわけですから、私は「太平洋戦争」でいいと思います。

一方の「大東亜戦争」というのは、大東亜共栄圏[*7]をつくるという大目的からの名づけですが、戦争目的を戦争の名前にするのはおかしいと私は思いますね。日本の国は太平洋を舞台にして英米と戦ったので、一番正しいのは「対英米戦争」かなとも思いますが、自分自身の中では「太平洋戦争」でよいと、そういうふうに捉えております。

それとあえて言うならば、「日中戦争」と「太平洋戦争」は分けて考えたほうがいいと思っていますけれどね。

保阪　太平洋戦争は日本軍が真珠湾を奇襲攻撃[8]して始めたわけですが、その四日後の十二月十二日に「この戦争の名称を大東亜戦争とする。そして、これはすでに始まっている支那事変（日中戦争）なども含む」と政府が発表し、それ以来、「大東亜戦争」が使われてきました。

これに対して戦争が敗戦というかたちで終わった後、アメリカを中心とする連合国が、一九四五年（昭和二十年）十二月八日から、今度の戦争については「太平洋戦争」という言葉を使って全国の新聞に連載記事を載せるようにと命じます。これはＧＨＱ[9]のスタッフの戦争観、つまりはアメリカの戦争観を載せるようにということですが、そのときに「太平洋戦争」という言葉が使われた。

「大東亜戦争」も「太平洋戦争」も、かたちとして言えば、権力者が決めた名称です。私は一九四六年に小学校に入りましたが、そのときからアメリカの政策に忠実に「太平洋戦争」という呼称を使ってきました。そして今も「太平洋戦争」と言いますが、それは「日中戦争」も含めての意味で使っています。

ただ近年は、この「太平洋戦争」をいろいろ変化させて、「十五年戦争」とか「アジア太平洋戦争」といった呼称を用いる人もいます。私はその呼称に反対するわけではありませんが、そこにある種の政治的な意味を持たせていると感じます。私としては若干の疑問は持ちながらも、この言葉を使ってきた世代だという意味も加味して、「太平洋戦争」という言葉を最後まで使おうかなと思っています。

加藤　これは大事な問題だと思います。私たちが「先の戦争」と言うとき、一九四五年八月十五日の終戦記念日で終わった戦争を指すのは確実なのですが、ではその始まりは一九四一年からの「対英米戦争」なのか、それとも一九三七年の「日中戦争」からなのかというところを比較的曖昧にして話をしているわけですね。

ただ政府の、たとえば戦没者追悼式典などにおける「遺族」の定義を見ると、一九三七年の日中戦争からの戦没者ということになっています。つまり、「いつからなのか」「どの地域で戦われた戦争なのか」というのが、いつも曖昧なままに議論されてきたわけですね。

一つ例を挙げたいのですが、二〇一五年（平成二十七年）四月十八日付の「朝日新聞」に、こういう世論調査があります。「日本がなぜ戦争したのか、自ら繰り返し説明する努力を十分にしてきたのか」という設問に対し、「十分にしてこなかった」と答えた方が六五パーセントもいる。ということは、「あの戦争、先の戦争というものは何だったのか」ということがまだ明らかになってないということでもあると思います。

日本人のアジア観と戦争

加藤　もう一つ、日本とアジア——たとえば中国との関係性がこの二十～三十年の間にものすごく変わったことも、この戦争の位置づけが不確かなことの一つの理由だと思います。

一九八九年（平成元年）には中国に親しみを感じる国民が五割いますが、いろいろな調査でもわかるように、近年、中国に親しみを感じないという方が八割から九割に増えています。中国の大国化、軍事大国化も背景にありますが、アジアとの関係の中で日本の立ち位置が変わってきているということが、先の戦争をどう見るかという観点にずいぶん変化を与えていると私は思います。

半藤　私が小中学生のころ、近所には王貞治（おうさだはる）[10]さんがいました。あの方は一九四〇年（昭和十五年）の生まれです。戦争中の、まだ空襲が始まるちょっと前ぐらいは、私たちが住んでいた墨田区向島（むこうじま）には原っぱがたくさんありまして、野球はあまりやりませんでしたが、地面に丸を書いてお相撲（すもう）をやっていると、王さんが「入れて」と言って来るんですよ。まだ彼が四つか五つの頃で、私たちは「ワン」と呼んでいましたがね。

あの方はお父さんが中華民国[*11]の出身です。つまり、国は戦争をしていましたが、私たちの生活圏には中国や韓国・朝鮮の方もたくさんいて、みんなで相撲をとって遊んでいた。そういう意味では、私はアジアの人たちに対して差別意識など何もありませんでした。

余談ですが、あの人は運動神経がよかったからでしょうが、お相撲をとっても、小さいのに一つや二つ年上の大きい人をみんな土俵際でうっちゃってしまう。つまり、「うっちゃり」がうまかったのですが、私が「こら、相撲というのは、押して勝つのが極意なので、押さなきゃだめだ」と言って、頭をコツンとやると、泣いて帰ってしまう。でも五分か十分すると、また「入れて」と言ってやって来る（笑）。

私たちは、大東亜共栄圏みたいなものを信じていたわけではありませんが、アジアの人どうし仲よくしようというのは、子どもながらに、ちゃんと意識の中にありました。ところが最近、中国の人、韓国の人、あるいは北朝鮮を含むアジア人に対し、本当に嫌いになってしまっている日本人が増えていますね。

加藤　たしかに、国家と国民意識みたいのが一体化してしまうところはあります。今の半藤さんのお話でとてもおもしろいと思いましたのは、たとえば日本の陸軍は、中国に展開する兵力を少しでも少なくするために「東亜連盟論」といったスローガンを掲げています。

つまり中国とは宣戦布告しない、日本が戦っているのは共産党軍と蔣介石（しょうかいせき）*12の軍隊だというわけです。「東亜連盟」という言葉でアジアの連帯を訴えかけ、汪兆銘（おうちょうめい）政権*13下の国民たちは日本の敵ではないとアピールした。日本人のアジア観といっても一様ではない。そういう「幅」があったのですね。

戦争体験と戦争観

保阪　なぜ、日本人の太平洋戦争観、日中戦争観、あるいはそれを含めての大きい意味での戦争観というのは、ぐらぐらと揺れているのか。それはつまり、一つのかたちがつくりえないということだろうと思います。私たちの国は、日清戦争、日露戦争、第一次世界大戦、満州事変というように、ほぼ十年おきに近代戦争を戦ってきましたが、すべて外地での戦争です。一九四四年（昭和十九年）の十、十一月から米軍による都市爆撃が始まり、そのときに初めて多くの人が戦争を肌で実感します。
私は戦争体験の話をたくさん聞いてきました。多くの人が「戦争は嫌だ。二度と嫌だ」と言います。さらによく聞いてみると、その嫌だという気持ちの底には、アメリカの爆撃

1945年3月10日、米爆撃機B29約300機による大空襲を受けた東京の下町一帯。中央下が皇居、白く写っている部分が焼けた地域（提供：UPI＝共同）

同年3月18日、焼け野原となった深川地域を視察する昭和天皇。3月9日深夜からの2時間半にわたる焼夷弾の投下で、江東、墨田、台東の下町地区を中心に約27万戸が焼失し、10万人以上が死亡したとされる（提供：共同通信イメージズ）

機が来て、爆弾を落としていった記憶がある。私はその記憶だけでは「厭戦」「嫌戦」と言うべきであって、「反戦」「非戦」ではないと思います。

私たちの国で、「戦争観」というものが国家的、あるいは国民レベルできちんと定着せず、ぐらぐらと揺れているのは、もちろんアジアの国々との関係もあるにしても、私たちが戦争を肌身で知った戦争体験が、わずか一年足らずの空襲体験に多くを拠っているためではないか。そうした限定的な体験で戦争観をつくっているとするならば、基本的に想像力が不足しているし、戦争というものに対する考えの幅が狭いのではないか。「厭戦」や「嫌戦」というのは、戦争観をつくりうる因子としては弱いのではないかと私は思うわけです。

加藤　わかります。

保阪　やはり「反戦」「非戦」というかたちにして、戦争の内実を理解するためには、想像力や検証する力というのを持たなければいけませんが、その点がこの社会全体に欠けているのではないか――そんな感じがしますね。

一九三〇年代という時代

加藤　本日は太平洋戦争に至る十年を振り返るという趣旨で話を進めていますが、一九三〇年代とはどのような時代だったとお考えでしょうか。

保阪　世界史的には、一九一〇年代は第一次世界大戦の時代で、その結果として一九二〇年代は国際協調の時代となります。その国際協調の中で、一九三一年（昭和六年）の満州事変が最初の軍事的行動として国際協調を破ることになりました。そういう意味で言うと、一九三〇年代は国際協調が崩れていく、世界史的に見ても、軍事が前面に出てくる時代だと思います。

　私たちの国は、満州事変という、国際協調路線に異を唱えたかたちの軍事行動を起こし、それ以降、軍事行動が国策の中心になっていきました。一九三〇年代とは、ひとことで言えば「政治が軍事に隷属（れいぞく）していく時代」ではないかと思いますね。

加藤　当時「ヴェルサイユ・ワシントン体制[*14]」ということが国際協調の言葉で言われましたけれども、それに反対を唱える国内勢力などが出てくる「テロの時代」であるとも言えると思います。

　一九二九年の世界大恐慌（だいきょうこう）[*15]によって、世界で金本位制（きんほんいせい）という安定した相互依存の経済関係がダメになる。それに対して、国際連盟が有効に機能するかというと、それも難しい。

経済がダメになった後に、政治のまとまりがうまく制御できるシステムができていない。それがこの一九三〇年代だというふうに私は思っています。

半藤　日本が軍事的に表へ出ていくのを後押ししたのは、実は日本のマスコミなんですよ。それまで日本は軍縮ブームで、軍部を縮小しろと、日本のマスコミは軍に対してものすごく厳しい目で見ていた。ところが、この満州事変が起きてから、新聞はがらりと論調を変えてしまった。

簡単に言えば、よその国へ軍隊を出して、それがどんどん占領地を拡大していくという動きに対して、マスコミがものすごく応援したんです。国民がそれに煽（あお）られ、乗っかっていった。日本は軍事的になりつつあったとされますが、その後ろの国民的支持が非常に大きかったということに私は一番注目しますね。

＊1　**満州事変**　一九三一年九月十八日の柳条湖事件に始まった日本軍による中国東北部への侵略戦争。現地に駐留する関東軍が主導し、一帯を軍事制圧すると、翌年に満州国を建国させた。

＊2　**教育勅語**　一八九〇年に明治天皇が発した勅語（お言葉）。近代日本の教育における基本方針。その趣旨は、家族国家観を基本とする忠君愛国主義と儒教的道徳であった。これをもとに学

校で忠君愛国教育が行われた。正しくは「教育ニ関スル勅語」。

*3 **サイパン陥落**　一九四四年七月、日本の南洋の拠点だったサイパン島で、アメリカ軍の攻撃により日本軍は壊滅、民間人を含む五万人余りが犠牲になった。アメリカ軍は、占領した同島に航空基地を確保したことで、一九四四年秋から日本全国への本土空襲を本格化させた。

*4 **硫黄島玉砕**　硫黄島は日本本土空襲における重要拠点で、一九四五年三月、アメリカ軍が同島を制圧した。この際、現地日本軍はおよそ八割が戦死する激戦となった。

*5 **『太平洋戦争への道』**　日本国際政治学会太平洋戦争原因研究部編著。一九六二年から翌年にかけて全七冊および資料編一冊が刊行。

*6 **大東亜戦争**　アメリカでの名称「太平洋戦争」に対する、当時の日本での名称。日中戦争および太平洋戦争について、東条英機内閣が定めた呼称。

*7 **大東亜共栄圏**　日本政府による中国および東南アジアでの政策構想。欧米支配から脱却した共存共栄を日本主導で行うもので、この共栄圏の確立が「大東亜戦争」の目的とされた。

*8 **真珠湾を奇襲攻撃**　一九四一年十二月八日、日本軍がハワイ・オアフ島のアメリカ海軍基地を攻撃した。同日には東南アジアのイギリス領マレーへの進軍を行っており、日本は英米と開戦となった。

*9 **GHQ**　連合国軍最高司令官総司令部。連合国の日本占領に際して設けられ、実質的にアメリカが単独で動かした組織。最高司令官にアメリカ陸軍元帥のマッカーサーが就任。

*10 **王貞治**（一九四〇〜）　元プロ野球選手・監督。東京に生まれ、日本のプロ野球界で活躍し、

通算本塁打数で世界一となる活躍を見せる。選手引退後は監督や球団経営にも取り組む。

＊11 **中華民国**　中国で清に代わり成立した共和国。各地で軍閥が割拠する混乱期を経て、中国国民党が全土を支配下とした。日中戦争における日本の相手は、この中華民国（蔣介石が率いる南京国民政府）となる。

＊12 **蔣介石**（一八八七～一九七五）　中華民国の政治家。一九二五年に孫文の後を継いで中国国民党の指導者となる。日中戦争では中国共産党と提携して抗日民族統一戦線を樹立。第二次世界大戦後は共産党と対立して台湾に逃れた。

＊13 **汪兆銘政権**　日中戦争中に日本占領下の地域で設立された中国の政権。中国国民党で蔣介石のライバル格であった政治家汪兆銘が首班となった日本の傀儡政権。

＊14 **ヴェルサイユ・ワシントン体制**　ヴェルサイユ体制は、一九一九年の第一次世界大戦終結を受けて構築されたヨーロッパ地域における国際協調体制で、ドイツ抑え込みや反共産主義などを目指した。ワシントン体制は、アジア・太平洋地域での新秩序形成を狙った国際体制。一九二一年から翌年にかけて開催された国際会議ワシントン会議を基とし、該当地域での勢力範囲現状維持（＝日本の新進出抑制）などを図った。

＊15 **世界大恐慌**　一九二九年十月二十四日に生じたニューヨーク株式取引所での株価大暴落に端を発した世界規模の大不況。恐慌下の各国で社会不安が深刻化した。

「戦争呼称問題」に見る近代日本の宿痾

保阪正康

本年（二〇二一年）は真珠湾奇襲攻撃によって、太平洋戦争が始まってから八十年が過ぎた。いわば歴史の次元で見つめる時代だと言っていいだろう。大まかな言い方になるのだが、近現代史という言い方をするならば、近代史は明治維新から太平洋戦争の終結（第二次世界大戦の終結）までを指し、現代史は日本が占領支配を受けた時から、現代までを指しているというのが常識的な見方である。この間に太平洋戦争の見方も、その分析も当然ながら変わってきている。私自身、在野にあってアカデミズムやジャーナリズムの変化の一端を見てきたわけだが、新資料の発見や新しい見方が提示されるなどで、その変化を確認することもあった。

たとえば、本書の座談でも触れているのだが「呼称」についても、太平洋戦争、大東亜戦争、十五年戦争、アジア太平洋戦争、昭和の戦争（大戦）などさまざまな言い方がされてきた。最近では、若い世代が第二次世界大戦という言い方をするようになり、私は驚いたことがある。

呼称の変化はいかにも日本的だとは言える。というのは、私は、アメリカや旧ソ連（ロシア）、中国、オランダ、イギリスなどいくつかの国々で、第二次世界大戦の体験者に話を聞いたことがある。アメリカ、イギリスなどの連合国では、民主主義を守る戦いであり、それはファシズムを打倒するための戦いに記憶と記録が統一されている。むろん日本は打倒されるべきファシズム国家であった。この点では、同時代史的な見方と歴史上の解釈との間に差異はほとんどない。

ロシアで話を聞いたのは、一九九〇年代の初頭であったが、ごく普通の生活を送ってきた老人が、私を車に乗せると自ら運転をしながら、モスクワの空港近くに連れていき、「ドイツのファシストはここまで来たんだ。それを我々は追い払った」と畑作地帯を見回した。つまりロシアでは、祖国防衛戦争という認識で、政府も国民も一体化しているのであった。その点は徹底していた。

ただ近年、実は第二次世界大戦はヒトラーとスターリンの野望から始まったのではないかとの声がヨーロッパ諸国の間には高まっている。一九三九年（昭和十四年）八月二十三日に独ソ不可侵条約が結ばれたのだが、この条約には秘密議定書があり、ドイツとソ連との間でポーランドの分割が話し合われていて、さらにバルト三国のソ連併合なども了解事項とされていたというのであった。ヒトラーがポーランドに侵入したのが第二次世界大戦の開始とされるが、それはソ連との了解事項ではなかったのか、というのが新たな定説となってきている。とすればロシアの祖国防衛戦争というのは、ある時期から（ドイツが不可侵条約を破り、ソ連に侵入した時からとなるのだが）を指すということにもなる。

　中国では、抗日戦争という言い方がされている。それは国民党でも共産党でも同じことで、日本軍国主義の侵略と戦ったというのが、私たちの言う太平洋戦争の本質だということになる。この点は台北（タイペイ）でも北京（ペキン）でも同様であり、思想上の対立はないように思う。こう見てくると呼称に統一性がなく、さまざまな言い方をされるというのは日本的な特徴だということにもなるのであろう。しかもこの呼称問題も時代とともに変化していることがいかにも日本的だということになるであろうか。

　有り体（ありてい）に言えば、日本では呼称問題は思想性を含んでいる。座談の中でも述べているが、私は太平洋戦争という語を用いる。理由は、私自身が教育の場で学んだ時にこの語で教えられたからである。さらに言えば戦後の教育現場では、太平洋戦争というアメリカで用いられていた呼称がそのまま日本でも使われたということになる。この語だけでは、中国や極東アジアなどが含まれないというので、近年では「アジア太平洋戦争」という言い方が主流のようでもある。

この語は戦後民主主義の代置のような役割を果たしているのだが、当然ながら大東亜戦争という戦前に用いられた呼称とは、一線を画している。あえて言えば侵略というイメージがかぶせられているという見方もできる。呼称について、こうして個々に分析していくと私たちの国で用いられているその他の言い方にも全て思想とか、当時の国家意思とかが重なり合っていることがわかる。そしてそういう事態は二つの重要な意味合いを私たちに迫っているということになるであろうか。次の二点である。

①日本社会はあの戦争に国民的共通の意識と基盤を持っていない。
②潜在的に戦争への自省が独善的であり、視点が多様的である。

つまり日本社会は、近現代の歴史認識に固有のイメージを確立してこなかった。このことは戦後の国際社会でも、しばしば中国、韓国、アメリカ、その他のヨーロッパ諸国から批判されたり、奇異の目で見られる一因となっている。現役の首相が靖国神社に参拝することへの批判が、その例として挙げられるだろう。そういう批判によって態度が変わるというのは、国民の間に共通の了解ができ上がっていないという意味にもなる。私はこういう構図は、どこに因があるのだろうかと考える。

いくつかの考え方があると思うが、あえて問うてみれば「同時代史」と「歴史」という視点が必要なのかもしれないと思う。同時代史とは、太平洋戦争の体験世代の時代の視点である。歴史とは同時代の体験者が少なくなり、事件、事象が歴史という時間軸の中で理解されていくことである。顕微鏡で見る時代と望遠鏡で見る時代という言い方ができるようにも思う。いずれにしてもその見方は変化せざるを得ないのである。日本社会が前述の二つの視点の特徴を持っているということは、同時代史の見方が固定化、固有化していなかったという意味にもなるわけだが、歴史の視点ではこの特徴がどう変化するのかが関心を持たれることになる。

太平洋戦争に行き着くプロセスを見ていると、近代日本の宿痾ともいうべき特徴を見出すことができる。私はこの点について関係者を取材するなり、当時の状況を個別に聞くなど確認すべきことは確かめてきた。昭和四十年代の後半から五十年代（一九七〇〜八〇年頃）以降にかけてである。特に陸軍の政治将校たちに話を聞いてきた。むろん軍人と言ってもさまざまなタイプがいるのだが、太平洋戦争に入るときの中堅将校の中には相応に頭脳明晰、状況判断にも優れ、何より分析力にも優れているタイプが多かった。にもかかわらず彼らはなぜ、国際情勢の変化や他国の政策分析に正確な答えを出せなかったのであろうか。

　私の疑問は常にその点にあった。いく人もの政治将校（陸海軍省の政治担当者たちということになるのだが）に会ってもそのことを考え続けた。私なりに答えは見出したと思うのだが、究極的には、「日本の軍人の教育制度と内容」に基本的な過ちがあったのではないかというのが結論となった。

　どういうことか。それは日本独自の軍事学を持たなかったということである。明治維新以後、早急に欧米（特にドイツ）の軍事学を極めて直裁に学んだのである。そして日清戦争以後はほぼ十年おきにその学びを実践してきた。軍事学の積み重ねも伝統もありはしない。ドイツの軍事学に、日本の武士道精神を加味するというチグハグな軍隊をつくり上げた。その行き着く先が、特攻作戦だったということになる。このメカニズムを正確に解剖することで、太平洋戦争の多くの部分は解明できると、私は考えるに至った。

あえて「宿痾」という語を用いるのは、江戸時代二百七十年余にわたり、ただの一回も対外戦争（幕末の二、三の交戦は除く）をしなかった日本の軍事学は、他国とは異なった戦争観、武装観を持った。この発展の上に構築された軍事学は世界に独自のユニークな軍事理論を内に秘めていたはずであった。こういう片鱗（へんりん）が太平洋戦争のプロセスには全く見えていない。こういう点を含めて、太平洋戦争の三年八カ月とそこへ至る道筋を検証する姿勢は、まさに歴史の視点であり、同時代史の過ちを客観化する最良の方法ではないかと、私は考えているのである。この姿勢を守ることによって、私たちは太平洋戦争の具体的な姿を確認していくことが可能になっていくように思える。

本書はその一助の役割を果たしたい、というのが狙いである。

アッツ島
キスカ島
アリューシャン列島
千島列島
1941年(昭和16年)12月8日における
◀日本の領土・勢力圏
(国際連盟委任統治領を含む)
ミッドウェー島
ハワイ諸島
オアフ島
マーシャル諸島
コリン諸島
ラック諸島
マキン島
ギルバート諸島
赤道
スマルク諸島
タラワ島
ラバウル
ソロモン諸島
ガダルカナル島
ニューブリテン島
※グアム島(米領)は開戦後の41年12月10日に占領

太平洋戦争開戦時の日本の領土・勢力圏

第一章 関東軍の暴走

1931 満州事変—1932 満州国建国

昭和のはじめ、日本は国際連盟の常任理事国で世界の五大国（米・英・仏・日・伊）の一つでした。しかし、一九二九年（昭和四年）の世界恐慌により、経済は冷え込み、農村は困窮していました。日本にとって特別な権益があるとされていたのが、「満州」とも呼ばれた中国東北部でした。日露戦争の結果、日本はロシアから、中国東北部を走る鉄道と、大連と旅順の租借権を手に入れ、鉄道防備のための軍隊＝関東軍を置いていました。

一九一〇年（明治四十三年）に大韓帝国を併合し朝鮮半島まで支配していた日本にとって、北隣りに位置する満州は、ソ連に対する国防や、鉄や石炭の供給地として重視され、日本の「生命線」とも言われました。

大日本帝国にとっての満州

加藤　大日本帝国にとって満州が、なぜ「生命線」と位置づけられたのかについて、考えてみたいと思います。

半藤　満州というのは、日露戦争の結果、日本が日露戦争で勝ったことで、当時のロシアから得た権益です。「二十億の資材と二十万の生霊（せいれい）」というスローガンがありました。日本を守るために、二十万の人の命と、それから二十億のお金がかかって、多くの犠牲を出して権益を獲得したのだから、この権益を守らなければならない。だから関東軍は、満州を日本の生命線として一生懸命に守り抜いているのだと訴え、国民はそれを信じました。

加藤　まず「名前を与える」ということはとても大事で、たとえば元老（げんろう）にして元勲（げんくん）の山県（やまがた）有朋（ありとも）*1が、「主権線」「利益線」ということを唱えました。韓国、朝鮮半島は日本にとって利益線である。だから、ここを守らなければいけないということで、日清、日露戦争に進むわけです。一方で、満州を日本の「生命線」と名づけたのは松岡洋右（ようすけ）*2ですが、大日本帝国にとって、満州を「生命線」と位置づけることに、どのような同時代的意味があったと思われますか。

保阪　日清、日露、第一次世界大戦、そして昭和に入っての満州事変へと進んでいきますが、私はこの満州に入っていく一連のプロセスを見ていて、主に経済的な権益の確保ということが重視されたと感じます。つまり、満州への進出は生存権の拡大であるとする財界・経済界が、軍を支えたわけです。自分たちの国は貧しい国で、こんな狭い国土で、とてもではないが生活するのもやっとである。私たちの国や民族にも、生存権を拡大する権利がある——ということで、満州に入っていくことを正当化したのです。

一九三一年（昭和六年）九月十八日、中国東北部の柳条湖で、日本の経営する南満州鉄道の線路が何者かによって爆破されました。

関東軍は、これを中国軍によるものとして、武力攻撃を開始します。政府は「不拡大」の方針でしたが、朝鮮駐屯軍は、独断で越境して満州に入りました。

陸軍は自衛を名目に、五カ月でほぼ満州全域を制圧します。満州事変です。

しかし、鉄道爆破は、実は関東軍が自ら行ったものでした。関東軍は、政府に無断で謀略を進め、内閣が決定した不拡大の方針に逆らって、軍を動かしたのです。

そして、翌一九三二年（昭和七年）には、満州国を独立させました。満州国は民族自決で生まれたとされましたが、実際は、行政や軍事を関東軍が握る傀儡国家でした。

なぜ関東軍の独断を許してしまったのか

加藤　では、次に「なぜ関東軍による独走、独断が許されてしまったのか」について。

当時、大日本帝国の出先軍、現地軍というと、朝鮮半島に朝鮮軍二個師団がいて、中国には関東軍がいました。外地ですので、中央からの制御ができにくい。天皇の命令を現地軍に伝える奉勅（ほうちょく）命令というものがありますが、これで現地軍をとめるというのも、なかなか政党内閣ではやりにくかったと思いますね。

半藤　中央部、つまり、政府ばかりでなく、東京の陸軍参謀本部が不拡大という指令を出しています。しかしながら、関東軍はそれを聞かなかった。ということは、これは統帥権（とうすいけん）干犯（かんぱん）＊3にあたりますから、本来は違反行為です。軍法で言えば、とんでもないことをやっている。

ところが、ソ連がこうした関東軍の動きに干渉してこないとわかった瞬間に、参謀本部も一緒に乗っかってしまいます。昭和天皇の命令が「不拡大」で、できるだけ戦争を早くやめろというのを、参謀総長は「は、承（うけたまわ）りました」と言っておきながら、参謀総長から参謀へ、さらには参謀から関東軍の参謀へ、「おい、おまえたち、いい加減にしろ」というようなことをただ口で言うだけで、後半はずるずると一緒に乗っかってしまっています。

ですからこれは、独断を許したというよりも……。

加藤　陸軍中央も乗ってしまったわけですね。

半藤　このチャンスに、満州国の権益をできるかぎり広げようとして動いたと見ざるをえないと思いますね。そういう意味では、まさに「侵略」であったと言えると思います。昭和天皇は、統帥権を持っている大元帥として、これは侵略であるから止めろと明らかに言っています。参謀総長はそれを承っている。だから、本当は統帥権の干犯なんです。

ところが困ったことに、昭和天皇は政府が決めてきた国策に対してはノーと言わないのが、きつい〝しきたり〟というか、心得なんですね。ですから、大元帥としては軍を止めろ、迫害をやめろと言っているけれども、政府のほうはごちゃごちゃしているうちに朝鮮軍越境の予算を出すことを決定してしまい、天皇はそれを認めます。つまり、昭和天皇は「大元帥」としては抑えているんです。ところが、「天皇陛下」としては、残念ながら国家の決めてきたことに対しては、ノーと言わない、と。それで、「では許す」ということになる。ですから、これは統帥権の干犯なんですよ、違反なんです。

加藤　そうして、朝鮮軍司令官の林銑十郎(せんじゅうろう)*4が、大日本帝国の版図(はんと)にあった朝鮮から満州に越境するわけですね。その越境の際には天皇の許可が必要です。しかし、その予算措置

満州事変の広がり

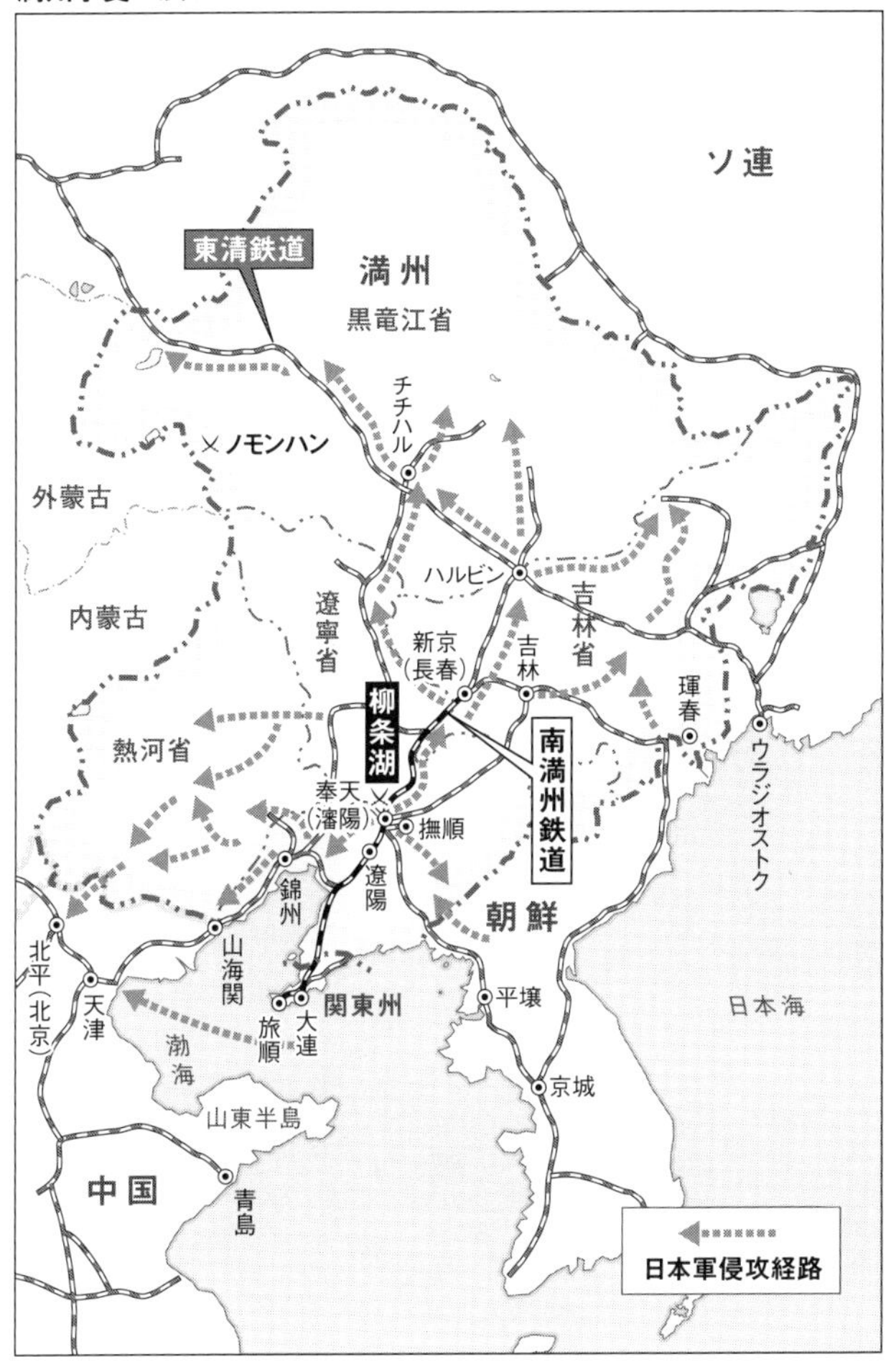
ソ連
東清鉄道
満州
黒竜江省
チチハル
ノモンハン
外蒙古
内蒙古
ハルビン
遼寧省
新京(長春)
吉林
吉林省
琿春
柳条湖
南満州鉄道
熱河省
奉天(瀋陽)
撫順
ウラジオストク
錦州
遼陽
朝鮮
北平(北京)
天津
山海関
旅順
大連
関東州
平壌
日本海
渤海
京城
山東半島
中国
青島
日本軍侵攻経路

が内閣の閣議を通ってしまっている以上、天皇は越境を認めざるをえない。

半藤　ところが、関東軍司令官の本庄繁（ほんじょうしげる）＊5であろうと、石原莞爾（かんじ）＊6参謀であろうと板垣征四郎（いたがきせいしろう）＊7参謀であろうと、誰も罪に問われていない。これはまさに軍法会議に回されて、統帥権違反ですから、本当は罪にならなきゃいけないはずなのに。

加藤　内閣が大胆な措置をとれないということで統帥権干犯がそのまま通ってしまうということになりました。林銑十郎は一九三七年（昭和十二年）には首相になります。こういう、人事上ありえないことが許されているということになると思いますね。

保阪　関東軍が、なぜあれほど横暴をきわめたのか、どうして独自の行動がとれるようになったのかを考えてみると、当時の関東軍に、本庄繁とか石原莞爾といった、軍の中でも戦略家の人たちがわりといたというのが一つありますが、もう一つ、関東軍の軍人たちの意識の中に中央からの期待が過剰にあったのではないでしょうか。その期待というのは、すでに植民地となっていた台湾とか朝鮮とは違い、新しいかたちの生存圏の確保・拡大という意味で、関東軍の将校たちに対する期待感のようなものですが――。

加藤　国民の中にあった、と。

保阪　はい、そして中央の軍部や政府にもあった。それが暗黙のうちに、謀略でも許され

奉軍滿鐵線を爆破
日支兩軍戰端を開く
我鐵道守備隊應戰す

【奉天十八日発至急報】本日午後十時三十分奉天駐在の我鐵道守備隊と北大營の東北陸軍第一旅の兵と衝突目下激戰中である

我軍北大營の兵營占領

奉天城へ砲撃を開始

駐在二十九聯隊出動

奉天付近には
約三大隊の日本軍
在住邦人は二萬余人

第二調査隊の復命に
中村大尉銃殺を確
榮氏森岡領事

奉派極度に緊張す
張氏の指令を仰ぐ

正式回答は廿日頃

省政府の秘密命令
日本軍隊の食糧生牛の輸入
速に拒絶せよ！

關は死刑か

奉天城正門（上）と城内市街地（下）

柳条湖事件を伝える、1931年9月19日の「東京朝日新聞」紙面（提供：朝日新聞社）

1932年8月、前線慰問から奉天に戻った本庄繁関東軍司令官（左から2人目）。右から2人目が石原莞爾作戦参謀（提供：朝日新聞社）

るという空気をつくってしまったのではないか。私は、関東軍の横暴・独断というのは、もちろん関東軍にも問題はありますが、むしろ関東軍にそう思わせた原因が、やっぱり中央にあったと思いますね。

国際連盟はどう対処したか

加藤　国内状況を少し確認すれば、農産物価格の下落などで、経済的に大変な不況下です。そうしたときに既成政党、ブルジョア層、宮中勢力、これらが、いわゆる革新勢力からすれば批判や憎悪の対象となりました。彼らがいるから日本国民は苦しめられているというストーリーができてしまう。そのなかで、関東軍は革新勢力の希望を実現してくれるという、位置づけができてしまったということだと思います。

それともう一つ。当時、幣原喜重郎（しではらきじゅうろう）*8という外務大臣が内閣におりましたが、この幣原が日中間の二国間の関係交渉で、この危機を乗り越えられなかったということも、関東軍の暴走を許した要因だと思います。国際連盟も、初手を間違えると言いますか、一九三一年（昭和六年）の十月ぐらいに、幣原喜重郎などの外交官が日中間の和平を図るプランを立てるのですが、連盟はあまり援助をしてくれていません。そういうところはあったと思います。

保阪　関東軍が独断で行動し、国際協調路線が崩れていく時期の象徴的な人物は誰かと言えば、幣原だと思います。幣原が表舞台から引いていくのにともない、日本は軍部が特化してくるという流れになっていますね。

半藤　加藤さんがおっしゃったとおり、国際連盟の問題はありますね。関東軍の侵出に対して、中国はものすごい抵抗はせずに、むしろ国際連盟に訴えています。「これは日本軍の侵略だから、国際連盟でなんとかしてくれ」と。ところが国際連盟は非常に動きが鈍い。

それはさっき少し触れたとおり、ウォール街の大暴落以来、世界中が国際関係において「引いて」いる時代、消極的な時代だということもあると思う。だから国際連盟の動きが遅れ、関東軍が満州に対してぐんぐん出ていく時間的余裕ができてしまったのだと思いますね。

一九三一年（昭和六年）、満州事変が勃発すると、新聞各紙は一斉に戦争支持にまわりました。国内最大の部数を誇った『東京日日新聞』も、「守れ満蒙（満州および内蒙古）帝国の生命線」

と題した四ページ全面の特集記事を掲載しました。新聞は、軍の発表をもとに競って号外を発行し、販売部数を大きく伸ばしました。

新聞とともに戦争を伝えたのが、当時急速に普及していたラジオ[*9]でした。日本放送協会の当時の番組編成の方針は、「ラジオの全機能を動員して、生命線満蒙の認識を徹底させ、外には正義に立つ日本の国策を明示し、内には国民の覚悟と奮起とを促して、世論の方向を指示するに務める」とされました。

ラジオと新聞は、軍の発表をいち早く伝える一方で、満州事変が関東軍の謀略で引き起こされた事実については、終戦まで報道しませんでした。

メディアによってつくられた国民的熱狂

加藤 新聞やラジオによってつくられた熱狂は、対外的な危機認識を煽りました。満州というと「中国側が条約を守らない」というイメージを庶民でも強く持っていた。そういう国民的熱狂です。これがつくられたのは、やはり新聞やラジオの力が大きいと思います。

半藤 ラジオがものすごく力を出してくる時代ですね。大相撲の実況がラジオで始まったのが昭和三年です。

加藤　一九二八年ですね。

半藤　そのころから、家庭にあるラジオの台数が増えていきます。満州事変が起きた一九三一年には、多くの家がラジオを持つようになっている。ラジオが非常によろしいのは、速報ですよ。ですから、「〇〇方面で××部隊が△△という町を占領した」というような報道は、ラジオのほうが早いんです。

加藤　なるほど。

半藤　それで、新聞はラジオとの競争に負け始める。これは大きかったと思いますね。別にラジオの悪口を言っているわけではありません。ラジオの速報性というのが新聞メディアを焦らせて、いち早くニュースを出さないことには、家庭で買ってもらえないという状況になった。すると新聞は、どうしてもニュースのデータをもらうために、陸軍の言うことを聞かなければならなくなっていきます。

保阪　新聞やラジオ、ほかに雑誌も含めてですが、反政府的な報道は、すでに明治時代から新聞紙条例[*10]などによって厳しく政府の弾圧を受けました。さらにこの時期に、メディアに携わる人は国家の宣伝要員であるというかたちができてしまった。宣伝要員だから、国家の政策、国家の進む方向に異議申し立てをすることはできない。むしろ国民を教導していく役割を担わされるようになったのだと思います。

陸軍の中に新聞班というのができて、この新聞班の連中がメディアと日常的に接するようになる。彼らはメディアに情報を流す一方、たとえば新聞社の幹部連中と宴会をやっては、こういうふうに書け、ああいうふうに書けと言うようになってくる。

陸軍省新聞班に配属されていた満井佐吉（みついさきち）*11なんていう人を見ると、メディアに対して尊敬の念を抱くとか、メディアの役割を客観的にとらえるなんてことはまったくありません。メディアは自分たちの宣伝部隊であるという意識を持っていたのは明白で、そういう意識に基づいて各種の通達や指令が出されていたと思います。

だから、「信濃毎日新聞」の桐生悠々（きりゅうゆうゆう）*12が「関東防空大演習を嗤（わら）ふ」という論説を書くと、軍部などから弾圧を受け、新聞社をやめて名古屋で「他山の石」という個人誌を出すしかなくなります。「関東防空大演習を嗤ふ」というのは、もし日本に敵の飛行機が来て爆弾を落としていったら、防ぎようもなく敗北は必至なので、防空演習などやっても意味がないという当たり前のことを書いているのに、それが弾圧されてしまう。

一九三七年（昭和十二年）には、空襲の被害を軽減するという名目で防空法がつくられますが、四一年の改正では、もし帝都が爆撃されても逃げてはいかんということで、退去の禁止と消火義務が加えられます。そして、とうとうレコード会社が「爆弾位は手で受けよ」なんていう歌をつくって売り出す有様でしたから、常識はずれとしか言いようがありません。

メディア全体はもちろん軍に監視されていたわけですが、同時に、たとえば紙とか、レコード会社で言えばレコード盤とか、画家で言えば絵の具とかを提供してもらえなくなるから、軍に協力しなければならなかった。

加藤 そうですね、紙などの配給が受けられなくなる。

保阪 でも、基本的には軍のほうが、世論やメディアを使う術をかなり覚えて、支配の仕組みに組み込んでいったと思いますね。

加藤 わかります。在郷軍人会[*13]などが不買運動をして、新聞に圧力をかけたりしますから。

保阪 そう、圧力をかけるんです。

国民の熱狂と、それを利用する政府

半藤 「国民の熱狂」ということで一番具体的にわかるのは、爆弾三勇士[*14]ですね。一九三二

戦死した三兵士に対して、大阪毎日・東京日日新聞は「爆弾三勇士」、大阪朝日・東京朝日新聞は「肉弾三勇士」という呼称を使用し、それぞれ顕彰歌の歌詞を募集した（「廟行鎮の敵の陣」で始まる「爆弾三勇士の歌」のほうが広く普及）。写真は1932年3月17日、朝日講堂で開かれた「肉弾三勇士の歌」発表会。指揮するのは、作曲者の山田耕筰（提供：朝日新聞社）

年（昭和七年）に「廟行鎮（びょうこうちん）の敵の陣」だったかな、流行歌ができたり、銅像ができたりしましてね。

加藤　演劇もありました。

半藤　国民は本当に熱狂したんですね。満州への移民、いわゆる満蒙開拓移民が始まるのも同じ年です。これからの日本の発展は満州にかかっていると、多くの人たちが大陸に渡りました。その意味で、わっしょいわっしょいという国民意識が戦争と一緒になったというところはありますね。そして政府もそれを利用した。「さあ、今からこの国は非常時になったぞ」と。

加藤　なるほど、「非常時」ですか。

半藤　「非常時」という言葉がはやるのは、まさに昭和七年、満州事変の翌年からなんです。ですから、私たちの身の回りの生活が、戦争の熱に煽られて「その気」になったことは確かです。

少なくとも満州事変からそれに続く上海事変[*15]、そして満州国建設のころまでは、国民的熱狂というのは、マスコミによって煽られたと言ってもいいと思いますね。私たちだって、まだ子どものくせに「肉弾三勇士」なんて歌を、内容もよくわからず歌っていたんですから。

＊1　**山県有朋**（一八三八～一九二二）　明治・大正期に活躍した軍人・政治家。「主権線」「利益線」という語を公に用いたのは、第一次山県内閣時に第一回帝国議会の衆議院において、国防構想を説明した際のこと。

＊2　**松岡洋右**（一八八〇～一九四六）　外交官をへて南満州鉄道に入社。同社退職後、衆議院議員となり政界へ。その後、国際連盟特別総会主席全権、満鉄総裁などを務めた。外務大臣時には枢軸外交を展開するが、独ソ開戦により失脚した。

＊3　**統帥権干犯**　軍隊の最高指揮権の「統帥権」は、大日本帝国憲法で天皇の大権と定められていた。一般国務からは独立し、発動には陸軍の参謀総長や海軍の軍令部総長が参与。陸軍参

謀本部の命令に背くことは、「統帥権」を犯すことにあたる。

＊4 **林銑十郎**（一八七六～一九四三） 満州事変勃発時、独断で朝鮮の日本軍を派兵し関東軍指揮下として問題となったが、事後承認のかたちで問題は終結した。この後、陸軍大臣、首相も務めた。

＊5 **本庄繁**（一八七六～一九四五） 満州事変時の現地総司令官。部下にあたる石原莞爾関東軍参謀らが柳条湖事件を起こし軍事行動を開始すると、これを追認し、政府の不拡大方針を無視し満州全域への侵略を進めた。これらの功で華族となったが、二・二六事件により失脚した。

＊6 **石原莞爾**（一八八九～一九四九） 関東軍参謀として満州に赴任中の一九三一年、満州事変を企画・実行し満州国を成立させた。日中戦争不拡大を主張し、東条英機と対立すると、一九三七年ごろから力を失い、一九四一年には現役軍人から退かされた。

＊7 **板垣征四郎**（一八八五～一九四八） 石原莞爾らと図り柳条湖事件を起こし、満州事変を拡大する。満州国建国後は同国への影響力を強め、また日本人移民を推進するなど積極的な関与を行った。

＊8 **幣原喜重郎**（一八七二～一九五一） 外務大臣就任四度に及び、国際協調路線を推進する。若槻礼次郎内閣の外相時に満州事変が勃発、事態の不拡大を図り中華民国と直接交渉に臨んだ。しかし独断専行する軍部や、国際的な討議を望む中国との軋轢で内閣は総辞職し、失脚した。

＊9 **ラジオ** 日本のラジオ放送は一九二五年、東京での仮放送に始まる。政府が翌年日本放送協会を設立させ、強い監督下での放送が行われた。受信契約数は一九三一年度に百万、一九四〇

年度に五百万を超え、強力な情報宣伝ツールと化していった。

＊10 **新聞紙条例** 一八七五年に成立し、その後、改正・強化を重ねた新聞を取り締まる勅令。反政府的な言論活動を封じることを目的としていた。のちにその適用範囲は新聞以外の雑誌などにも広げられた。

＊11 **満井佐吉**（一八九三〜一九六七） 陸軍中佐。二・二六事件に連座で有罪判決を受け、軍を免官される。陸軍時代から国家改造運動に関与し、一九四二年には衆議院議員に当選した。

＊12 **桐生悠々**（一八七三〜一九四一） ジャーナリスト。下野新聞や大阪朝日新聞などをへて、信濃毎日新聞主筆を長く務めた。一九三三年の「関東防空大演習を嗤ふ」発表で同社退社を強いられる。その後も個人誌で自説を死の直前まで発表し続けた。

＊13 **在郷軍人会** 帝国在郷軍人会。現役を退いた軍人の組織。各所で組織された在郷団体を一九一〇年、陸軍省が全国組織として統合。のちに海軍を含め、天皇機関説問題など思想統制面で影響力を見せた。その後公的組織となったが、敗戦により一九四五年に解体。

＊14 **爆弾三勇士** 第一次上海事変時、爆弾を抱え敵陣に突入し戦死した三兵士。陸軍は自らの命と引き換えに命令を遂行した軍神として顕彰し、広く英雄として讃えられた。

＊15 **上海事変** ここでは一九三二年の第一次を指す。満州事変後に激化した抗日運動の鎮圧と、満州事変に対する世界の注目をそらすため、日本が武力衝突を起こした。一月に上海で日本租界警備兵と中国軍との交戦が始まり、五月に停戦協定が結ばれた。

満州国建国の土台となった二つの見解

保阪正康

日本近代史の中で、満州事変から満州国建国の流れはどのように位置づけられるのか。そのことについての俯瞰図(ふかんず)を正確に理解しておく必要がある。その理解の上に、大日本帝国の正直な姿が浮かんでくるのである。私たちは満州国の歴史的な流れを踏まえた上で、近現代の日中関係史を見るべきであろう。

初めに満州国についての二つの意見（あるいは思想というべきか）を紹介しておかなければならない。この二つの意見に「満州国」の本質が隠されている。

第一の意見というのは、一八九〇年（明治二十三年）十二月に開かれた第一回の帝国議会で、首相の山県有朋が施政方針演説を行うのだが、その折に日本の目指す国家像として、西洋の帝国主義国家に狙われない国家を目指すことを明らかにしている。この演説の中で、山県有朋は国家には主権線と利益線があるとの言い方をしたのだが、主権線とは沖縄を含む固有の領土（本州・九州・四国・北海道）を指すことになる。この主権線を護るには利益線という考えが必要であるというのである。

利益線があって、はじめて主権線が維持されるということは、簡単に言えば、帝国主義的政策の実施を国家目標とするとの考えである。当時アジア諸国は大体が欧米の植民地か、あるいはその隷属下におかれていた。しかし日本がその枠外にあったのは、島国であり、江戸時代に鎖国政策をとっていたためでもあった。改めて国際社会に出ていく時に、帝国主義の時代に呼応してそれに応じる政策を採るとの決意表明でもあった。

結果的に日本は、その政策をおしすすめた。昭和に入っての満州事変から始まる一連の中国政策は、その源が山県の施政方針演説に端を発していることに注目しておかなければならない。つまり因果関係を正確に押さえておくという意味でもある。

そしてもう一つの意見、見解として指摘できるのが、関東軍作戦参謀の石原莞爾が満州事変前に出した意見書である。石原は一九二八年（昭和三年）十月に作戦参謀として旅順に赴任するが、満州問題についてはかなり積極的な意見書を参謀本部の作戦課に送っている。いくつかの段階を経ながら、最終的には満蒙地方は日本の領有地にしていくというのだが、そこには日本の資源供給地、あるいは満州を日本人だけでなく、中国人、朝鮮人とともに開発していくといった構想も描かれている。石原の構想はやがて日本の基本構想になっていくほどの影響力を持つに至る。

その基本構想ともいうべき内容が、一九三一年（昭和六年）五月に発表した「満蒙問題私見」という意見書なのだが、ここでは「国家の状況之を望み難き場合にも、若し軍部にして団結し、戦争計画の大綱を樹て得るに於ては、謀略により機会を作製し、軍部主動となり、国家を強引すること必ずしも困難にあらず」とまで書いている。謀略であろうが満蒙地方の獲得には軍事が先行しなければならないと説くのであった。しかもこの満蒙地方の領有地は、将来の世界最終戦ともいうべき日本とアメリカの戦争時には、日本にとって最も有効的な兵站地になるとも指摘していた。

満州国に至るプロセスには、このような二つの見解が土台になっていることを、私たちは知らなければならない。満州国は二十世紀の人工国家と言えるのだが、それは人工的につくられたが故に、奇妙なロマンチシズムやノスタルジーで語られるときもあるが、その誕生から壊滅までの十三年間を具に見ていくと、そこにはあまりにも国家エゴ丸出しの現実が見えてくるようにも思うのだ。その実像について、いくつかの歴史的史実とその流れを見ておかなければならない。

もともと満州に対する日本の権益は、一九〇五年（明治三十八年）の日露戦争の結果、ロシアが持っていた長春（寛城子）と旅順間の鉄道を譲渡されるというのが発端であった。これはポーツマス条約によったわけだが、この鉄道に付随する権利を守るために、一キロについて十五人の兵士を鉄道守備隊としておいていいという案も認められた。これがいわゆる、関東軍の始まりであった。しかも日本は遼東半島南端の関東州の租借権もロシアから引き継いだ。『国史大辞典』によるならば、鉄道の総距離に応じての鉄道守備隊兵士は、総数で一万四千四百十九人の駐留が認められたことになる。

このように、日本はロシアの権益を引き継いだだけでなく、鉄道経営の国策会社である南満州鉄道株式会社の設立も進めて、まさに満蒙地区に独占的な権益を確保していた。

こうした権益を分析していくと、満蒙地区へは他国が介入できないほどの独善的な地位を日本は獲得したことがわかる。それゆえに特殊な権益とも言えた。この流れは一九一五年（大正四年）、第一次世界大戦での日本側が、中国側（この時は袁世凱政権だったが）に対してつきつけた二十一箇条要求にも行き着く。この時の要求には、通称第五号要求といわれる中国の主権に対する無礼な内容までもふくまれていた。中国が国際世論に訴えて公然化したために、日本政府も結局は引き込めざるを得なかったのだが、こういう流れの中には次第に傲岸となっていった日本の態度もまた十分に精査されなければならないということは言えた。

満蒙地区には実際には張作霖政権があるが、この政権を支えつつ満蒙地区に日本の権益を点から線、そして面にしていく使命感を昭和の軍人たちはもっていた。つまり、張作霖を立てて中国を懐柔していくべきだとの方針を掲げていたのである。しかし張作霖は自らも中国の統一を図り、中国の指導者たらんと考えていた。関東軍にとって張作霖は、実際には傀儡化できなければ存在価値がないというので、一九二八年（昭和三年）に暗殺の対象にしている（満州某重大事件＝張作霖爆殺事件）。この背景を知った張学良は、父の仇を討つという心理で抗日に転じ、蔣介石とともに中国統一の先頭に立ったのであった。

細かい経緯を省くにしても、前述の関東軍参謀の石原莞爾がまとめた意見書は、こうした流れを追っていくとわかるのだが、日本の特殊権益を固定化するために最終的には日本の領有地にしていこうとの流れに沿っていたのである。まさに鉄道守備隊の護衛兵士集団であった関東軍は、日本軍の鬼子（おにご）としての地位にまで引き上げられるに至った。特に関東軍の参謀たちに焦りを生んだのは、蔣介石政府が全国統一を目指して北伐（ほくばつ）を開始して、満蒙地域もその支配権の及ぶ地域にしようという点にあった。そうなれば日本の権益は全て失われていくことになる。加えて中国でのナショナリズムは、反日、抗日と一体化していき、軍人たちの危機意識を煽り立てた。

　そういう時期に起こったのが、一九三一年（昭和六年）九月の満州事変だったのである。この事変は、石原を中心とした関東軍の謀略で始まったのだが、むろん石原らによる根回しがあり、参謀本部内でも共通の認識があった。実際に中国の抗日分子が行った爆破事件だというので、次々に部隊が動員、派遣され、小さな謀略事件はたちまちのうちに日本軍が満州全域を制圧する戦闘に拡大していった。確かに陸軍の中央部は満蒙問題の長期的視点ではこうした軍事的制圧行為は必要だと容認の構えであった。逆に幣原喜重郎外相は、関東軍の謀略によるこの事変が拡大することは、国際社会にあって国益上でプラスにはならないという視点で強く反対した。つまり、不拡大の方針をきめたのである。

この不拡大方針は内閣の基本方針になったとはいえ、軍内にはこのような穏健な意見は通らない。この際満蒙問題を一気に解決すべきだとの声が軍内には広がり、倒閣の動きさえ加速していく有様であった。幣原協調外交は国際的には評判がよかったのだが、日本では満蒙問題の解決にはならないと極めて露骨な批判を浴びていく。こういう状態の下で満州事変はやがて満州国の建国へと歩を進めていく。一九三二年(昭和七年)三月一日に発せられた建国宣言の準備、さらには皇帝溥儀(ふぎ)を担ぎ出しての支配体制などをよく吟味(ぎんみ)していくと、一連の流れはすでに何度も執拗に練習が行われていたことがわかってくるのである。それだけに満州国の全貌は仔細に丁寧に検証することが重要だと言っていいだろう。

第二章　国際協調の放棄

1931 リットン報告書―1933 国際連盟脱退

一九三一年（昭和六年）に勃発した満州事変に対し、中国・国民政府の蔣介石は、日本の侵略行動であるとして国際連盟に提訴しました。

これを受け、国際連盟はイギリス人のリットン[*1]を代表とする調査団を派遣して四カ月にわたる調査を行い、報告書を発表しました。

報告書は、満州国は民族自決の結果誕生したものではないとするなど、日本側に厳しい内容だったと思われていますが、満州における日本の権益に厚く配慮し、日本人顧問の起用を認めるなど、中国側が受け入れられないような提言もありました。リットンは、日本が今からでも国際協調という「世界の道」を受け入れるのは遅くないとも述べています。

これに対し、日本全国百三十二の新聞社は、「満州国の存立を危うくするような解決案は断じて受け入れるべきではない」とする共同宣言を発表しました。

リットン報告書は日本に何を問いかけたのか

加藤　リットン報告書は、一九三二年（昭和七年）の十月に世界で公表されます。このリットン報告書というものは、日本に何を問いかけていたのか。五大国の一員として国際協調に邁進してきた日本が、満州事変を起こしてしまった。それに対して、国際連盟はある種、オールスターのような調査団を派遣するわけですね。

当時、日本と中国は世界の大国でした。両国とも国際連盟の執行機関である理事会のメンバーで、中国は当時、非常任理事国、日本は五カ国しかない常任理事国の一つでした。国際連盟は、世界大恐慌を受けた後、そしてまだ世界的な新たな政治秩序ができないときに、日本と中国という二つの大国が関与する紛争に対して、解決策を打ち出そうと相当な意気込みで取り組みましたので、リットン報告書は注目を集めました。そしてそこに提示された解決策は、国際連盟理事会が自信を持って送り出したものだったと思います。

保阪　リットン調査団の報告書は、基本的には、日本に一九二〇年代の国際協調路線の枠の中に戻ってくれという内容ですね。「民族自決」という発想も若干見えますが、日本が中国に持っている権益は、おおむね認めるという内容です。しかし、こういった軍事行動で国をつくり、満州全域に支配を及ぼすというようなことに関しては、強く忠告をしています。

加藤　リットン報告書のアウトラインをまとめて申し上げておきますと、日本の経済的権益に対して中国の国民政府が組織的ボイコットをやったと認めています。ただ、日本側が、満州族の民族自決によってつくられたと主張する満州国は、日本の官僚と軍隊の援助なしにはできなかったはずだとの調査団の側の判断を明らかにしています。

しかしもう一つ、日本の自衛権ということで言えば、一九三一年九月十八日の鉄道爆破に対する関東軍の反撃は、自衛権の行使とは言えないが、当事者である将校や兵士たちは自衛権の行使だと思って行動をしたということ自体は認めている。そして、日本を侵略者であるとか、不戦条約[*2]違反であるとか、九カ国条約[*3]違反であるとか、名指ししてはいません。

この点がおそらく、後に国際連盟の総会なり理事会なりで、日本と中国が話し合える土壌をつくる提案だったということになると思います。

保阪　日本がこのときリットン調査団の報告書に対して抵抗したのは、日本の満州における権益を認めるとしながら、満州国そのものを承認しないのでは、これから新たにつくってゆく独自の権益をまったく無視しているではないかと受け取ったからです。私たちの権益に関して、あなたたちが口を挟む権利はないというような主張が、その背景にあると思いますね。

リットン調査団の報告書は、国際社会の融和の中に日本を戻そうと試み、そしてその中で日本の提起している問題については、私たちも共同で立ち向かい、ともに利益を享受するかたちにするというようなことを言っています。その一方で、日本独自の優位性も認めるというようなことも言っている。

これはやはり、中国からすれば許しがたい内容を含んでいると思います。しかし日本は、我々がせっかくつくり上げた権益そのものを、リットン調査団報告書に全部否定されると受け取り、とうてい容認しがたいという感情的な反発が前面に出てきて、結局はその報告書の提案を拒否するという態度に出てしまったのではないでしょうか。

加藤　とにかく、新聞は煽りましたね。たとえば、中国側がリットン報告書を読んで驚喜したと書いて、報告書が中国側に有利な内容だったとして、それに対する国民の反発を煽ったわけです。ただ、保阪さんが正しくおっしゃったように、日本人の専門家、顧問を半分以上入れろとかそんなアドバイスが入っているものを、中国側が全面的に喜ぶわけがない。そこが問題でしたね。

半藤　日本の立場で言えば、満州を日本の領土にしたのではなく、我慢をして、引き下がって満州国というものをつくったという意識でした。そしてその満州国は、日本の傀儡でもなんでもなく、満州人、満州民族が集まって協同でつくった国ではないかと。それを全然認めないというのは受け入れられないと――。

加藤　そうですね。

半藤　変な話ですが、国民的な感情としては、日本は戦争を起こしたけれど、いちおう収束させたではないか。そこに満州族を中心とする五族[*4]が協和して国をつくったのであり、決して日本は恥ずかしいことはしていない、侵略などしていない、と感じていたと思います。

それなのに、国際連盟は満州国を認めない。満州国の存在を全否定して日本を侵略者扱いするとは何事か、と新聞が書けば、それは、そんな国際連盟にいつまでもいることはないではないかという声が起きるのは当然です。当時の日本人はみんなそう思ったに違いないと思います。

加藤　はい、そうだと思います。

半藤　ただ、リットン調査団は、そうは日本に思わせたくないので、実に丁寧に調べて、丁寧な言葉で、日本が軍事衝突を起こしてしまったのは無理もないところがあると認めています。国際連盟としてはそこまで気を使って譲歩しているのですが、当時の日本の国民感情としては「許せない」となってしまった。それは明らかに間違った見方なのですが、感情の問題としては、やむをえない部分もあったかもしれません。

1932年4月、満州事変の発端となった奉天・柳条湖の爆破事件現場付近を視察するリットン調査団（提供:朝日新聞社）

加藤　一つの大きなポイントは、当時の日本国民は、「南満州鉄道」というとても大事な、日本にとって基幹的な鉄道の線路を爆破したのが中国側だったという説明がされて、それを信じ込まされていたことです。ですから、日本側からすれば、満州事変は自衛権発動であり、日露戦争で獲得した条約上の権利を行使したに過ぎない。それなのになぜ認められないのか、ということになります。

そして、半藤さんがおっしゃられたように、民族自決でつくられた国がなぜ悪い、どこかの国の軍隊が援助して新たに国家がつくられることは珍しくもない。ほかの国だってやってきた、イギリス、アメリカもそうだろうと。こういう反論をしたい気持ちが、国民の中にすごく強かったと思います。

ただそれは、事件の発端である満鉄爆破が、実は日本軍、関東軍がやったという事実が伏せられていたことが重要です。この最初の大きなウソがきっかけで、日本側は大きく道を誤ることになったと思います。


国際連盟で満州をめぐる問題が議論されていた最中、関東軍は新たな軍事作戦を計画します。中国東北部の熱河（ねっか）省への侵攻作戦、いわゆる熱河作戦*5です。

斎藤実（まこと）*6総理大臣は、国際連盟が満州問題を審議している中で軍事行動を起こせば経済制裁を受けかねないとして、大元帥である天皇に裁可の取り消しを求めました。

天皇も作戦の中止を望みますが、軍の反乱を恐れる側近や元老らに反対され、結局、作戦を止められませんでした。

これを受けて政府は、経済制裁を受けるくらいなら、国際連盟から脱退すべきとの意見に傾いていきました。

なぜ作戦を中止できなかったのか

加藤　当時は、ちょうど国際連盟で満州事変や上海事変が審議されていた時期です。そんなときになぜ「新たな紛争を日本側が起こした」と糾弾されるような熱河作戦を日本は起こしてしまったのか。

これはまず、「満州国はすでに成立している」と、日本は頭で考えてしまっています。ということは、満州国の東三省（遼寧省［奉天省］・吉林省・黒竜江省）という東北部の三つの省に加わった熱河省への作戦は満州国内の軍事行動であって、新たな戦争だとは思っていません。まさに、ものごとの最初に「大ウソ」をついてしまった人間の陥る隘路にはまってしまったわけです。

国際連盟がまだ満州事変について審査中であるにもかかわらず、日本が新たな紛争を起こしてしまった——。そうなると連盟としては、すべての連盟加盟国が侵略国に対して経済制裁をして締め上げることを可能とする「国際連盟規約第十六条適用」という、一番重い措置を取らざるを得ません。しかし、日本はそんなことが起きるとは考えてもいませんでした。

1933年2月、熱河省の朝陽城外に到達した関東軍部隊(提供:朝日新聞社)

ですから、昭和天皇も斎藤内閣も、熱河作戦にゴーサインを出してしまいます。けれども、綿密に調査をすると、もしかすると国連理事会の構成国にして五大国である日本が、経済制裁を発動されて、さらに除名されるという、非常に不面目なことが起きるかもしれないと気づく。ここで日本は考えるわけですね。そうか、連盟最大の制裁は経済制裁だ、アメリカからの輸入がとめられたら困る。ならば、そのような不体裁なことをやられる前に脱退しようという議論が急速に起こるのです。

保阪　天皇は、いったんは熱河作戦を裁可しますが、事態の大きさに気づいて裁可を取り消したいと言っています。すると参謀総長が、一度決めたことですし、もう兵は動いているので、自主的に取り消すことはできませんと応じている。このやりとりを聞くと、やはり奇妙な感じがしますね。

加藤　そうですね。

保阪　天皇は、国軍の最高責任者である大元帥です。軍事行動を命じることができるのですから、それを取り消してもとに戻すこともできるはずです。しかし軍部は、すでに現実は全部動き始めていて、部隊も動いていますから、もう今さらできませんと答えている。これは、天皇の意思が軍によってそぎ落とされていく典型的なケースだと思いますね。

加藤　侍従武官長も止めていますね。

保阪　ええ、そうです。

加藤　天皇が、命令を撤回したいと言ったときに、侍従武官長や軍側がそれを止める。斎藤内閣が決定を下したことだから覆せませんと言う――。では、そうした判断の裏には何があったのかと言えば、重臣は、宮中勢力や既成政党やブルジョアジーが、軍が満州で成し遂げた成果を潰そうとしているという批判が国内から出ることを非常に恐れていました。つまり、軍だけではなく国民の批判を恐れていたわけです。

近年の研究では、皇族の軍人が果たした役割についても明らかになっています。本来、皇族の軍人というのは、天皇家のメンバーであり、天皇の判断をバックアップしなければならない存在です。しかし、たとえば当時、近衛師団にいて、戦後最初の首相となる東久邇宮稔彦王*7は、満州事変後には満州国として独立させるのではなく、日本の占領地を広げようという非常な強硬派でした。こういう方がいて、陸軍には弟宮の秩父宮*8もいる。こうしたときに、天皇が陸軍にストップをかけるような何らかの判断を下して、国民の反発を買うリスクを負わせるということは、侍従武官長や宮中の人としてはできなかった。これは国内のテロにつながるという話にもなると思いますね。

一九三三年（昭和八年）二月、国際連盟の総会で、満州国を認めず日本軍の撤退を勧告する決議案が採択されました。賛成四十二カ国に対し、反対は日本だけでした。

全権大使の松岡洋右は、日本にいた外務大臣の内田康哉に向かっては修正決議案での妥協を進言していましたが、最終的には「日本は断じてこの勧告の受諾を拒否する」と宣言して、議場を退出します。

日本は、国際連盟からの脱退を選択し、世界に衝撃を与えました。

国際連盟脱退は日本に何をもたらしたのか

加藤　国際連盟を脱退するという日本の行動は、世界や日本にどのような影響を与えたでしょうか。

保阪　結局この脱退というのは、言葉は少しきついけれど、外交関係やさまざまな政治的関係においては、ある種の鎖国状態に入ることを意味していたと思います。国際連盟という場を持っていれば、日本は五大国の一つとしていろんな意見を言えますし、国際的な意思表示もできるわけです。それを脱退するということは、国際的な発言の場をみずから拒否してしまったことになります。もし日本の考え方を聞きたいのならば、東京へ来て話を聞けというふうになりますから。

加藤　そうですね。

保阪　外国のメディアは東京へわざわざ来ませんよね。そうすると、中国との関係で見ると一番わかりやすいですが、中国のプロパガンダが一方的に国際社会の中で大きな力や意味を持つようになってしまいます。日本はそれについて、ほとんど国際的な発信ができなくなる、つまり、孤立するということです。

1933年2月24日、国際連盟本部の特別総会で演説する全権の松岡洋右（中央右）。この後、リットン報告書に基づく勧告案が42対1で承認されると、日本代表団はただちに退場。3月27日に正式に連盟を脱退した（提供：朝日新聞社）

加藤　代弁者もいなくなる、ということですね。

保阪　これは、のちに原子爆弾の研究で知られる理化学研究所[*9]の仁科芳雄博士のグループの人に聞いた話ですが、国際連盟を脱退したために、アメリカやイギリスと学術書の交換ができなくなり、ドイツを通じて入手するようになったと言います。

そうした学術関係の交流の途絶が、どの程度広がりがあって、どういう影響があったのかはよくわかりませんが、国際的な孤立というのは、単に政治的な意味だけではなくて、文化的・学術的に、いろいろなところで孤立するという状況につながったのではないかと思いますね。

加藤　国際連盟の理事会総会において、日本側は常に「中国側のプロパガンダだ」と主張していましたが、脱退したことで、日本は自分たちの味方をしてくれる代弁者を自ら放棄してしまったということになるわけですね。

半藤　このときの内閣は、どちらかというと穏健派の斎藤実内閣ですから、国連を脱退する意思はなかったと思います。

加藤　斎藤自身はですね。

半藤　ええ。脱退を強く主張したのは、むしろ新聞です。新聞がものすごい勢いで脱退をぶち上げた。もう脱退せよ一辺倒で、全国百三十紙以上の新聞が、一致して脱退勧告をしている状態です。「内閣は何をしているのか。これだけ世論が脱退で盛り上がっているのだから、脱退こそが大日本帝国の正しい道である」というように。あれだけ煽られてしまったのでは、斎藤内閣はどうにもならないぐらいに参ってしまったと思います。

私の恩師で、時事新報社の伊藤正徳（まさのり）[*10]という方がいました。当時、新聞連盟が脱退に賛成しているから、「時事新報」もそれにならっていた。ところが伊藤さんだけは社説で脱退に反対したんです。国際連盟の中にいたほうが、言いたいことが言える。日本がどういう立場で満州国をバックアップしているのか、日本はどういう気持ちでいるのかということを主張できる。日本はあくまで自衛のために戦ったということを連盟の国々にわかってもらうためには、連盟の内部にいたほうがいいということを、ずっと言い続けるのですが、結局、斎藤内閣が脱退を決めた瞬間に、政府が決めたことに対してはさからえないので、私はこれにて筆を折ると……。

加藤 ああ、一つの歴史ですね。

半藤 晩年の伊藤さんに会って話を聞いたとき、こう言われました。「半藤君、あのとき、なぜ俺は筆を折ったのか。あれが最大の過ちだった」と。それくらい、最後まで悔いていました。つまり、あのときの新聞が行った国連脱退へのものすごい煽り方、世論のつくり方については、新聞などのメディアは、きちんと反省する必要があると思いますね。

＊1　リットン（一八七六〜一九四七）　ヴィクター・ブルワー＝リットン。イギリスの政治家。海軍次官やインド総督代理などを務め、国際連盟代表に。満州事変を受け、国連の調査団長となり現地や日中に赴き、報告書をまとめた。

＊2　不戦条約　第一次世界大戦後の一九二八年、パリで調印された多国間条約。国際紛争を解決

する手段としての戦争を放棄することを謳い、平和的手段によって解決することを規定した。当初、署名したのは日本を含む十五カ国で、最終的には六十三カ国が批准した。

*3 **九カ国条約**　一九二二年、国際軍縮会議であるワシントン会議の一環として調印された条約。中国の主権・独立・領土的行政的保全の尊重、中国における商工業上の機会均等、勢力範囲設定の禁止などを取り決めた。締結したのは会議に参加したアメリカ・イギリス・オランダ・イタリア・フランス・ベルギー・ポルトガル・日本・中華民国の九カ国。

*4 **五族**　満州民族、漢民族、蒙古民族、朝鮮民族、日本民族。満州事変より前から同地に居住していたとする五つの民族。

*5 **熱河作戦**　熱河省は奉天などのある遼寧省の南西部地域。日本はこの地も満州国に含まれる地域と主張し、一九三三年に軍事侵攻を開始、河北省にかかる地域までを占領した。

*6 **斎藤実**（一八五八～一九三六）　海軍軍人で海軍次官や大臣を務める。一九三二年に五・一五事件で犬養毅首相が暗殺された後、内閣総理大臣に就任し挙国一致内閣を組織した。退陣後の二・二六事件で殺害された。

*7 **東久邇宮稔彦王**（一八八七～一九九〇）　皇族で陸軍に入り、日中戦争の徐州会戦などに参加。一九四五年、日本の降伏後にその処理のため皇族初の首相に就任する。一九四七年には皇族身分を離れ、東久邇稔彦と称した。

*8 **秩父宮**（一九〇二～一九五三）　大正天皇第二皇子雍仁親王。陸軍で軍職に就く。二・二六事件時は勤務地青森県から戻って皇居に入り、昭和天皇から叱責を受けたとされる。肺結核の

ため一九四〇年から療養生活をおくり、表立った活動から退いた。

＊9 **理化学研究所** 物理学・工学・化学・医科学など自然科学の総合研究所。高峰譲吉らの呼びかけから一九一七年に発足。一九三七年には同所の仁科芳雄が日本初（世界で二例目）となるサイクロトロンを作成し、原子核物理・核化学などの研究を本格化させた。

＊10 **伊藤正徳**（一八八九～一九六二） 日刊新聞の「時事新報」で海軍に詳しい記者として名を馳せる。敗戦後は共同通信社理事長や日本新聞協会理事長などの職でも活躍。主な著書に『連合艦隊の最後』など。

孤立主義を支持した国内世論

保阪正康

日本が満蒙地方の占領地域に満州国を建国したのは、一九三二年（昭和七年）三月一日であった。事変から六カ月も経ていないのに建国し得たのは、それだけの準備がなされていたと言っていいであろう。こういうスケジュールはすでに陸軍の参謀たちによって隠されていたのである。

事変から四日目（九月二十二日）に関東軍の参謀五人による打ち合わせが行われている。司令官の本庄繁はこの地に新政権を樹立するとの考えであったが、その下にいる参謀たちはその方向にどのような対応をし得るかを話し合ったのである。五人の参謀とは、参謀長の三宅光治、参謀の板垣征四郎、石原莞爾、片倉衷、それに謀略機関の土肥原賢二であったが、結局、かつての皇帝溥儀（辛亥革命後は天津の日本領事館がその身を守っていた）を担ぎ出して、君主国をつくろうということになった。結論の一つが次のような内容であった。
「東北四省及蒙古ヲ領域トセル宣統帝ヲ頭首トスル支那政権ヲ樹立」するとして、この地に各民族の楽土をつくり、その国家体制は、国防・外交は日本が担うとしつつ、内政は新政権がその役割を果たす、という方針を固めた。表面的には満蒙地域に日本が支援する独立政権を立てるというかたちになったのである。そして天津で日本の庇護下にある溥儀を担ぎ出すことを決めた。関東軍の幕僚たちは、日本政府の意思にかかわらずにここまで国家の政策に自在に口を挟む状態になっていたのである。

実際にこの頃の若槻礼次郎内閣で外相だった幣原喜重郎は、不拡大方針、早期撤兵などの政府方針が、まったく力を持たないことを自覚しつつあった。幣原らの方針を無視するかのように、石原らは、張学良がその権力基盤を移した錦州への攻撃を行った。こうした爆撃もほとんど関東軍の独断に近い軍事行動であった。幣原外交はますます困惑の度を増していった。国際連盟は中国側の提訴に基づいて満蒙への日本の軍事行動を論議することになったが、幣原外交のあり方が問われることにもなったのである。

実際に連盟の理事会からは、当初日本軍が満鉄附属地まで撤退するように求められたが、日本の反対でひとまずその事態は避けられた。関東軍はそういう困惑など意に介さず、占領地域に傀儡の政権をつくり、それをゆくゆくは満州国政府にとの野望を明確にするに至った。

軍中央部は内閣の枠内で当初こそ動いていたが、次第に関東軍の強腰に押されて、その軍事行動を認める方向に進んでいく。同時に国際連盟は必ずしも中国側に立っていたわけではなく、むしろ消極的にといっていいのだが、日本側の侵略行為を黙認するかのような姿勢も見せた。対して中国国内の知識人、学生、それに労働者の間に抗日に徹底せよとの声が広まり、蔣介石政府もそれに応えなければならなくなった。

日本軍の参謀は、一九三二年（昭和七年）一月に上海で意図的に第二戦線をつくり、世界の目を上海に引き寄せた。満蒙地域での満州建国の動きへの関心を弱めるために進めたこうした謀略は、日本軍が戦闘を自在に演出することで世界の目を誤魔化す陽動作戦でもあったのだ。

満蒙地域の指導者を奉天に集めて、委員会をつくらせ、張景恵を委員長として満州国の建国宣言を行わせた。建国宣言の後、天津から溥儀を奉天に呼び、執政として政治上の責任者に仕立て上げた。溥儀は皇帝でなければと渋ったのだが、関東軍の参謀たちは二年後は皇帝にすると約束をして、とにかく引き受けさせた。さらに溥儀に、関東軍の司令官である本庄繁に書簡を出させ、満州国の防衛は日本に任せる、日本人官吏（かんり）を要職のナンバー2に据えるなどの条件を日本側に任せるという内容を提示させた。溥儀はまさに日本の傀儡の役を果たすことを身を以て示すことになった。

話は前後するが、中国側が国際連盟に日本の侵略行為を提訴したのは満州事変の三日後であった（一九三一年九月二十一日）。理事会はひとまず次のような決議をまとめた。その一節である。

「日本政府はその臣民の生命の安全およびその財産の保護が有効に確保せらるるに従い、日本軍隊を鉄道附属地内に引かしむるため、すでに開始せられたる軍隊の撤退をできうる限り速やかに続行」するよう求めている。日本政府もまたその申し入れをひとまず了解したのであった。

しかし現実には錦州を爆撃するなど、日本軍はまったく逆のことを行っていた。このために国際連盟理事会は、満州事変に対する日本軍の事実解明に努めることにして、一九三一年（昭和六年）十二月十日、リットン調査団による調査派遣を決めた。もっともこの派遣に対して、日本側からすれば、日本の軍事行為が自衛の故であることを国際社会に訴えたいとの思惑も含んでいた。イギリスの枢密顧問官であるリットン卿を団長として米英仏独伊の五カ国で構成された代表団が編成され、一九三二年（昭和七年）二月末には来日することになる。

この来日に合わせるかのように、日本は満州国建国を急いだ。調査団が現地調査や中国側の関係者からの証言を求めるのに対し、事前に次々と既成事実をつくっておこうというのが本意であった。調査団は日本国内だけでなく、満州に向かい、実際に現地調査を行う傍ら、中国側の意見も聞き報告書の作成にあたった。ただ調査団の団員たちは、いわゆる先進帝国主義国の主要人物であり、いわば日本側の軍事行為に全面的に否定的だったわけではなかった。

報告書が発表されたのは一九三二年十月二日であった。基本的には日本の軍事行動は容認されていない。先進帝国主義の側から言えば、かつては侵略行為は必ずしも悪という時代ではなかったのだが、第一次世界大戦後の国際社会にあっては軍事行動に対する見解も変化していたのであった。日本は世界の情勢変化に一歩遅れていることが明白になった。満州国の成立過程を見ても、日本軍が中心になっているのは自明の理であり、とうてい独立運動とは言えないという内容であった。

その上で十項目に及ぶ提案、ないし意見も示されていた。その骨子というのは、満州における中国の主権を尊重し、満州国ではなく、東三省に地方政府を設立するよう訴え、そこには国際連盟の顧問団が政治指導にあたるべき内容も盛られていた。むろん日本軍は撤退すべきという内容であった。

この報告書に日本は猛反発をしている。新聞の論調は、日本の既得権益が犯されたという怒りで埋め尽くされた。日本はすでに満州国を承認している上に、次々とこの地に軍隊を派遣している。そのような既成事実を全て否定するのは不可能な状態になっていた。

日本は国際連盟に松岡洋右を送り、その弁舌で各国を説得しようと試みた。結局、報告書を審議すべき連盟の総会は、理事会の勧告案（日本軍の満鉄附属地への撤退、中国の主権尊重など）の受け入れを採決し、四十二対一（日本）で可決した。松岡代表は、これはとうてい受け入れることはできないと反論して総会を後にした。

その後日本は、一九三三年（昭和八年）三月二十七日に正式に国際連盟を脱退した。日本は国際社会からの孤立の道を選んだのである。国際連盟からの脱退は、日本が正常な感覚で国際社会で生きていこうという姿勢の放棄にもつながっていた。元老の西(さい)

園寺公望は、日本がアメリカやイギリスと協調し、連携し、そして生きていく以外に方法はないのに、何を考えているのか、といった認識で現実を見ていた。いや西園寺だけでなく、牧野伸顕などの天皇側近もこうした見解であり、ひいてはそれが天皇の考えでもあったのだ。しかし、国内世論は新聞を筆頭に、「国際社会は日本の真意をわかっていない」とか、あるいは「孤立を恐れるな」といった強腰の論で満州権益の擁護に努めた。満州を手放すなどというのは、まったく考えられない様相を呈するに至ったのである。

日本が太平洋戦争に進む道筋は、この満州国建国と国際連盟からの脱退による孤立主義が大きな影響を持ったであろう。国内に、結果的にファシズム体制ができ上がっていくのは、この昭和八年が発端となった。国際社会での孤立は逆に、この国はいかに優れた国家であり、天皇といった神を抱えている特別な国であるか、といった倒錯した心理を生んでいくきっかけにもなったのである。ファシズム体制を越えるレベルの、まさしく「超国家主義」といった方向にこの国は進んでいくのであった。

その実態については、第三章で見ていくことにしたいと思う。

第三章　言論・思想の統制

1932　五・一五事件 ― 1936　二・二六事件

満州事変の翌年の一九三二年（昭和七年）、日本国内では、テロ事件が相次いでいました。

右翼団体の血盟団によって、前大蔵大臣の井上準之助と三井財閥の団琢磨が暗殺されました。

その二カ月後、五・一五事件[*1]では、海軍青年将校の一団が総理大臣官邸を襲撃し、犬養毅総理大臣を暗殺しました。

陸軍士官学校生や農本主義者らも参加し、内大臣官邸や警視庁なども同時に襲撃しました。

国家改造を目指すとして引き起こされた事件は、日本社会を大きく揺るがしました。

五・一五事件が社会に与えた影響

保阪　一九三二年（昭和七年）から一九三六年にいたる四年間は、テロやその予備的な事件が起こりますが、そういう国内テロの最も象徴的な事件が五・一五事件です。
実は、この事件の二、三カ月前には血盟団事件[*2]がありました。井上日召という人物に指導されている右翼団体の青年たちが、「一人一殺」というスローガンを掲げて、前大蔵大臣の井上準之助と、三井合名会社理事長の団琢磨を暗殺したわけです。

　こうしたテロ活動に刺激を受けた人たちが起こしたのが五・一五事件です。この事件の最大の特徴は、決起の際の檄文を読めばわかりますが、支配階級そのものを糾弾するということです。当時の日本は、大恐慌の影響で農村が疲弊し、また日本は国際的に侮られているという被害者意識も高まっていました。

「どうしてこんな状態になるのか。それは国の支配層、つまり天皇を周辺で支える支配層に問題があるからだ」。官僚、軍人指導者、経済指導者、文化的な指導者も含めて、そういった国の指導層が、国民と天皇との間を邪魔し、阻害になっている――と彼らは考えます。そして、現状を打破するためには革新行動を起こさなければならないと考え、ついには首相官邸を襲撃し、犬養毅首相を殺害するに至るのです。

　ところがこの事件は、いわゆるテロ以外の、別な意味を持ってしまいます。裁判の過程で、陸軍の士官候補生や海軍の士官、あるいは農本主義団体の愛郷塾の塾生など、事件の決行にかかわった者たちに、自分たちの主張を思う存分語らせてしまうのです。

加藤　そうですね。

保阪　その結果、法廷が「国家改造運動[*3]」のプロパガンダの場になってしまう。そうなると、たとえば吉原政巳という、陸軍士官学校を一番か二番で卒業すると言われていた優秀な候補生がいたのですが、その彼が「なぜ自分は参加したかといえば、この国を救わなければいけないと思ったからだ」と説明する。それは、西南戦争を起こした西郷隆盛の遺訓にある「名も金も名誉もいらぬ」の心境で、こういう行動を起こしたのだと涙ながらに自らの行動を訴えるわけです。すると、それを聞いた軍事法廷の判士長も泣く。新聞記者に至っては、自分は泣きながらこの記事を書いていると平気で記している。そして、在郷軍人会が中心になって、彼らの助命嘆願運動が起きるのです。

加藤　ああ、なるほど。

保阪　全国から百万通と言われる嘆願書が集まります。そして、彼らは国士であり、その行動は義挙だということになり、テロリズムが肯定されていく。五・一五事件の裁判が行われた昭和八年、一九三三年という一年間に、テロリズムそのものを悪とするのではなく、動機が正しければ何をやってもいいという空気ができ上がってくるわけです。

　私はこれを日本の一つの特徴だととらえて、「動機至純論」と呼んでいます。これによってテロリズムが肯定される。その結果、むしろ亡くなった犬養首相の家族などが、世間で冷たい目で見られるという事態が起きる。ある雑誌に至っては、事件を起こした、そ

五・一五事件の陸軍側裁判の法廷に山積みされた、減刑を求める嘆願書（提供：朝日新聞社）

の「国士」がどういう家庭で育ったのかを紹介するという、まるで英雄扱いするような記事を書いている。日本は、この昭和八年を境に、テロリズムの公然たる容認の時期に入ったと思います。

テロ＝暴力が公認されてゆく時代

半藤　国民的な支持が、なぜこんなに得られたのか。実態は単なるテロです。ところが尊皇義軍みたいに扱われ、ジャーナリズムにも煽られて、大変な国民的支持を得る。当時の国民は、「日本は満州国を正しい方法で建国したではないか、第一次上海事変も無事に調印したではないか」、そう思いこんでいました。これだけ日本はしっかりとしたことをやっているのに、世界中に憎まれて、侵略国家だと見られてしまうのは、日本の政治家が、天皇を囲んでいる君側の奸どもが、この国を悪くしているのではないかと国民は思ったんでしょうね。

加藤　そうですね。

半藤　一国の首相を殺した事件を「義挙」としてみんなして褒め上げるという、非常におかしな空気が、この国を覆っていた時期だと言えます。一九三三年（昭和八年）からの裁判の最中には、決起将校を支持する連中が、助命嘆願の血判書を出したという話もあります。さらに、軍の偉い人たち、荒木貞夫*4のような陸軍大臣までもが、「純真なる青年がやったことだから」と罪を軽くしてほしいというようなことを平気で言うような時代になっている。つまり、世の中全体が殺伐として、テロが正義であるがごとくになっていく時代が、このときから始まったというふうに思いますね。

加藤　犬養首相に関しましては、たとえば日本と中国の間での二国間交渉を裏で進めてもいました。

半藤　そうなんですよね。

加藤　満州国が成立した後に、日本側の承認を遅らせたり、そのような国際協調路線も可能な政党内閣の総裁であり、首相でした。そうした人間を殺す行為を、むしろ正義とみなすという空気があった。

もう一つ、たとえば昭和恐慌下で、三井がドル買いをしていた、為替(かわせ)格差を利用して儲けていたという噂が流れました。財閥[*5]は、国家の危機に対して手をたたいて喜んでいたというようなレッテル張りがなされたわけです。そういう事実関係が不確定な理由で財閥が攻撃の対象となったのも、まさにテロリズムの特徴だと思います。

保阪　テロリズムの暴力が公認されていく社会へ、そして社会の中で動機が正しければ何をやってもいいという空気が広がり、近代社会の法体系などまったく無視するような空気ができ上がっていった。これが私は昭和のテロリズムの大きな落とし穴だったと思いますね。

国家改造の機運が強まるなか、大正時代に共産主義運動を取り締まるためにつくられた治安維持法[*6]が、さまざまな反政府的な言動を弾圧するためにも用いられていきました。一九三三年（昭和八年）には、治安維持法によって一万四千人余りが検挙され、『蟹工船(かにこうせん)』の作者の小林多喜二(たきじ)[*7]は特別高等警察[*8]の拷問(ごうもん)により死亡しました。

翌年に陸軍が出したパンフレットでは、取り締まるべきは「共産主義」だけでなく、「国家を無視する国際主義・個人主義・自由主義を刈り取らなければならない」と記されています。

さらに教育面でも、国の統制が強められました。小学校では、一九三三年度から国定教科書[*9]が改訂され、天皇の臣民としての忠君愛国の教育が徹底されるようになっていきます。

日本が大きく変わった一九三三年

保阪　昭和八年、一九三三年というのは、歴史の中で日本が実は大きく変わった年ですね。小林多喜二の拷問での殺害事件、それから共産党員の転向などもこの年からです。

加藤　一斉転向ですね。

保阪　共産主義が全面的に国家の論理によって排除されたということですね。この年の第四期国定教科書改訂からは、陸軍省が参加しています。

加藤　なるほど。陸軍省が参加しているのですね。

保阪　国家総力戦だから、陸軍省も教科書をつくることに参加させろと言ったわけです。すると、その途端に一九一八年（大正七年）の第三期国定教科書に見られた、国家と個人というものを論じる内容がガラッと変わり、「ススメ、ススメ、ヘイタイススメ」になる。一九三三年というのは、日本社会がいくつもの地割れを起こしていく時代ではないかと、私は思っています。暴力の是認、それから弾圧立法の徹底した運用による共産主義者の転向というのも、その一環だと思います。

それから学問に目を向ければ、京都大学の滝川事件[*10]も重要です。さらに陸軍に設けられた新聞班が、メディアに対する規制を強める通達を出すのも、この年からかなり頻度が高くなっていきます。ですから、日本の「昭和のファシズム化」という言葉を使うならば、それが一番顕著に加速する年というのは、昭和八年、一九三三年だと言えると思います。

半藤　治安維持法というのは、大正時代にできて、一九二八年に改定されています。この時から、どんどん拡大解釈がなされて、一般国民の生活にまで響いてきた。その象徴的なのが小林多喜二の虐殺ということですが、ほかにもたくさんの事例があります。

加藤　そうですね。一九三三年、昭和八年が、まさにターニングポイントだったわけですね。

半藤　昭和という時代が悪化していく、そのスタート地点だったと思いますね。

一九三六年（昭和十一年）、二月二十六日未明、陸軍の青年将校たちが国家改造を目指して、およそ千五百人の兵士を率いて、総理大臣官邸や警視庁などを襲撃し、国会周辺を占拠しました。大蔵大臣高橋是清（これきよ）[11]をはじめ、内大臣、教育総監など九人が殺害されました。これが二・二六事件[12]です。

戒厳令（かいげんれい）が敷かれるなか、事件四日目の朝、「兵に告ぐ」と題した放送が行われました。

「兵に告ぐ。勅命が発せられたのである。すでに天皇陛下のご命令が発せられたのである。お前達は上官の命令を正しいものと信じて、絶対服従をして、誠心誠意活動してきたのである。この上お前達があくまでも抵抗したならば、それは勅命に反抗することになり、逆賊（ぎゃくぞく）とならなければならぬ」

反乱に対して一貫して厳しい態度をとった天皇の意向により、兵士たちは原隊に復帰し、事件は鎮圧されました。

二・二六事件が社会に与えた影響

加藤　二・二六事件は日本社会に何をもたらしたかを考えたいと思います。この二・二六事

1936年2月27日、二・二六事件で警視庁の中庭に集まった部隊。警視庁を占拠した反乱部隊と思われる(提供:朝日新聞社)

件の一週間前の二月二十日には選挙が行われ、立憲民政党が勝利しています。民政党は、二大政党と呼ばれたもう一方の立憲政友会に比べると、対外侵略に対して消極的でした。

ところが、二・二六事件が起き、千五百の兵が動いて、昭和天皇のアドバイザーなどを含む政権の中枢を担う人々が殺されてしまいます。この事件によって、国際協調主義的な外交を進めたり、政党内閣がもう一回復活したりするというチャンスが潰されてしまったことは、非常に重要だと思います。当時の日本にとって、本当にかけがえのないものが潰されたということだと思います。

保阪　二・二六事件は、二月二十六日から二十九日までの四日間続きます。なぜすぐに収束しなかったのかと言えば、それは、青年将校の決起に対して、陸軍の当時の指導者が様子見をしていたからです。このクーデターが成功したらどうなるだろうと、右顧左眄（うこさべん）したり、洞（ほら）が峠（とうげ）を決め込んだ[*13]りしていた。しかし、昭和天皇は一貫して「断固討伐」という姿勢を崩さないんですね。

　事件を起こした青年将校たちが敵視したのは、民政党に代表されるような議会政治主流、それから軍事費の膨張を抑える緊縮財政を求める大蔵省の要求に応える大蔵大臣です。つまり、軍事費の膨張を抑えるという国策と、貧しい農民、苦しい生活をしている庶民を見捨てる政治を刷新しようとしたとされていますが、結局のところ、二・二六事件は軍内の権力闘争によって起きた、その結果として青年将校は逮捕され、罰せられたと、私は考えています。

加藤　最終的には死刑という処分が下されますね。

保阪　彼らが銃殺されたことで、その後ろ盾となっていた荒木貞夫、真崎甚三郎（まさきじんざぶろう）[*14]らの「皇道派[*15]」は力を失い、梅津美治郎（よしじろう）[*16]や寺内寿一（ひさいち）[*17]、東条英機[*18]とかいった人たちが、新たに陸軍内での主導権を握りました。

彼ら、新しい「新統制派」の人たちは、二・二六事件における青年将校たちの訴えを利用しながら、陸軍の権限を拡大していきます。たとえば、陸海軍軍部大臣の現役武官制[19]という、山本権兵衛（ごんべえ）内閣[20]のときに廃止されていた制度を、このときにまた復活させて、現役の将官（大将・中将）でなければ大臣になれないようにします。

それから陸軍省に軍務課をつくって、政治的発言をここに一元化します。そして、政府や議会にさまざまなかたちで口を挟むようになる。結果として、二・二六事件の青年将校たちの行動そのものが、新しい軍閥をつくり、昭和十年代（一九三五〜一九四四年）を牛耳（ぎゅうじ）っていたと思いますね。

加藤　二・二六事件は、軍事費の膨張を抑えるような財政的発想をする人を、殺害という手段で排除した。そして、翌年に始まる日中戦争に対して、陸軍が一つにまとまれない要因だった軍閥の戦いを覆い隠し、陸軍中央の強化を図るきっかけになったということですね。

半藤　国際連盟を脱退して以来、日本は新しい道を探さなければならなくなりました。ですから、「改革」「革新」という言葉がやたらに叫ばれる時代になる。これは官僚の世界でも、陸海軍でも同じです。その「改革」「革新」ということでまとまっていた陸軍内部の人たちが、この時期から政治の中心に口を出すようになる。そして、新しい日本はどの方向に進めばいいかということで、「革新」を唱える陸軍の将校、一番頭のいい人たちが二つに分かれます。それが「皇道派」と「統制派」です。

いわゆる「皇道派」は、戦略観だけで言えば、ソ連と対決[21]するというのを本義とします。そのために日本の国をソ連と戦っても負けないような国家にするんだということで、彼らは皇道主義を唱えるわけです。

もう一方の「統制派」は、実は陸軍の「皇道派」以外というのが実態で、派閥という存在ではなかったようですが、国内を統制して力を蓄え、中国をまずたたいて後顧の憂いをなくしてから、ソ連と対決したほうがいいという戦略でした。私はこれを「中国一撃論」と名づけましたが、要は「皇道派」と「統制派」の争いとは、この戦略論の争いが本質だったと思います。

加藤 わかります。

半藤 その戦略論の争いの結果が一九三五年（昭和十年）の永田鉄山暗殺事件[22]になり、それに対して、いわゆる皇道派系と言われている人たちが反撃をして、二・二六事件を起こすことになった。ところが結果としてクーデターが失敗し、「皇道派」はいっぺんに潰れたわけです。そうして、保阪さんの言葉を借りれば、「新統制派」という新しい戦略論を持った人たちが中心になった軍隊ができた。これが「中国一撃論」なんですよ。

加藤 私は二・二六事件の影響はもう一つあると思います。事件後、内大臣秘書官の木戸幸一[*23]が、とにかく鎮圧をしなければいけないということで、素早く対応するわけです。その結果、木戸に代表される宮中勢力もまた、非常に力を持ち始める。つまり二・二六事件というのは、一方で「新統制派」なりの軍人たちが力を政治的に行使する端緒をひらき、一方で、決起軍の鎮圧一本でいくという判断を下した昭和天皇のイメージも強いものになっていくという、宮中の政治化をも招いたのではないか。それも忘れてはいけないことだと、私は思います。

半藤 これも非常に大事なことなんですが、もう一つ、「不穏文書臨時取締法[*24]」というものがこのときにつくられました。いわゆる「言論の自由」が、これによって完全になくなります。それまでも「言論の自由」が危機にさらされる場面はありましたが、本当になくなるのは、この「不穏文書臨時取締法」によってであり、そのきっかけとなったのは二・二六事件だったとも言えます。

保阪 二・二六事件について私が注目するのは、やはり「暴力の恐怖」ですね。とくに、議会ではこの二・二六事件以後、本来行うべき活発な議論が萎縮(いしゅく)していきます。しかも、この後、軍は親軍派の議員をつくり、議会は見事なほど軍寄りになっていく。つまり、議会政治が骨抜きになる。これも、二・二六事件の残した大きな特徴だという気がします。

半藤　あえて言えば、これ以降の日本に大きな影響を与えたのは、この二・二六事件がもたらした「暴力の恐怖」というやつですね。「私はいいですよ、だけども下のほうがどう思うですかね」というような言葉によって、政治指導者が、軍に脅かされていくのです。

加藤　暴力を背景にした圧力ですね。

半藤　テロの恐怖は、人々を萎縮させます。しかも、軍隊の持っているテロの恐怖というものは、「軍隊からの安全」を完全に失わせてしまう。結局、軍は太平洋戦争が終わるまで、この恐怖がもたらす力を、存分に使いました。

加藤　なるほど。本来は国民を守るはず、国家を守るはずの軍隊が、国民の安全を逆に脅かす存在として機能する。それは、とても大きいですね。

半藤　とても大きいことだと思いますね。

加藤　二・二六事件の結果、昭和天皇の周りを固める人間は、近衛文麿（このえふみまろ）[*25]や木戸幸一などの若い世代になります。その前は、たとえば高橋是清であるとか、井上準之助であるとか、そういう方がいた。それが血盟団事件で殺され、二・二六事件で殺され、実体経済の観点から国際協調の重要性を指摘できる人がいなくなってしまった。

国際協調路線を進んでいた一九二〇年代は、日本は基本的に対外輸出の半分以上が工業製品という、立派な工業国なのです。そうした路線がいつしか忘れられていってしまったのではないか。天皇にそれを思い出させてアドバイスをできる人がいなくなってしまった。その人的損失は、想像以上に大きかったのではないかと思います。

＊1 **五・一五事件**　一九三二年五月十五日の海軍軍人らによるクーデター未遂事件。犬養毅首相を殺害したが、意図していた東京を混乱させ新政権を樹立するという目論見は失敗。参加軍人は禁固刑などに処された。

＊2 **血盟団事件**　一九三二年に国家主義者の井上日召を中心とする血盟団が起こした政界・財界要人の暗殺事件。二月九日に井上準之助、三月五日に団琢磨が殺害された。

＊3 **国家改造運動**　一九二〇～三〇年代にかけて生じていた、諸外国による排日の動きや世界恐慌下の不景気など社会不安に対し、軍人や民間の右翼活動家、一部官僚などが行った革新運動。「昭和維新」を唱え天皇親政や軍部中心の国家体制などを目指した。

＊4 **荒木貞夫**（一八七七～一九六六）　陸軍軍人。陸軍大臣などを務め、皇道派と呼ばれる自派の勢力を伸張させた。国家改造運動を行う若手軍人の期待を集めたが、二・二六事件で反乱軍

側に同調し、事件後失脚した。

*5 **財閥** 三井・三菱・住友など、一族の独占的な所有・支配が行われた巨大企業集団。明治以降に官営事業払い下げなどで事業を拡大し、大正期には経済界で圧倒的な地位を占めた。

*6 **治安維持法** 社会運動の取り締まりや弾圧に用いられた社会立法。一九二五年、男子普通選挙法の成立に合わせて成立。国体の変革、私有財産の否認を目的とする結社活動を禁止する法だが、共産主義運動に対してだけでなく思想統制にも広く使われた。のちの改正で最高刑に死刑が追加され、予防拘禁（刑期満了後も拘禁を可能とすること）も認められた。

*7 **小林多喜二**（一九〇三～一九三三） 作家・労働運動家。ロシア文学を通じてプロレタリア文化運動に参加。北海道での銀行勤務兼作家生活を経て上京。執筆や左翼運動を続けたが、逮捕され、警察署内で殺害された。

*8 **特別高等警察** 思想犯・政治犯を取り締まる警察部門。幸徳（大逆）事件の翌一九一一年に設置された警視庁特別高等課に始まる。その後全国に拡大・増強され、内務省警保局保安課の統率のもと、反体制活動の弾圧に用いられた。

*9 **国定教科書** 一八八六年から国の検査済みのものを使う制度が始まり、一九〇三年に文部省作成の国定教科書導入が決定された。一九三三年から使用の国定第四期教科書では、神話教材の倍増など思想統制が強められていた。

*10 **滝川事件** 一九三三年、京都帝国大学教授・滝川幸辰の著作などが左翼的であるとして、文部省が京大に処分を迫った事件。教授陣や学生が抗議運動を行ったが、滝川は大学を追われ

た。

＊11 **高橋是清**（一八五四～一九三六）　日銀総裁や横浜正金銀行頭取などを経て、大蔵大臣や首相を務める。七回目の蔵相在任時、二・二六事件で暗殺された。

＊12 **二・二六事件**　一九三六年二月二十六日に起きた陸軍皇道派の軍人らによるクーデター未遂事件。首相官邸などの占拠や要人殺害におよんだ。決起軍は反乱軍として鎮圧された。

＊13 **洞が峠を決め込む**　形勢をうかがい、優勢なほうに加担しようとすること。日和見主義。本能寺の変後の筒井順慶の行動に基づくとされる故事。

＊14 **真崎甚三郎**（一八七六～一九五六）　陸軍軍人。荒木貞夫とならび、一部若手将校の期待を集めた。二・二六事件後は反乱幇助の容疑で逮捕、無罪とされたが第一線の活動から退かされた。

＊15 **皇道派**　荒木・真崎をはじめとする陸軍内部の派閥で、天皇中心の国体至上主義を信奉し、直接行動による国家改造を企てた。一方、「統制派」は、陸軍省・参謀本部などの幕僚将校を中心に総力戦体制の樹立を目指した派閥で、「皇道派」と対立し、軍部内の統制強化を主張した。

＊16 **梅津美治郎**（一八八二～一九四九）　二・二六事件後、陸軍次官として皇道派を一掃する粛軍を行う。敗戦時は参謀総長で、大本営代表として降伏文書に調印した。

＊17 **寺内寿一**（一八七九～一九四六）　二・二六事件後、陸軍大臣として粛軍を推進。軍部の立場を強く主張し国会では政党と対立、内閣を総辞職へ追い込んだ。父は元帥や首相となった寺

内正毅。

＊18 **東条英機**（一八八四～一九四八） 陸軍大臣をへて、一九四一年十月に首相に就任。十二月、太平洋戦争の開戦へ。戦況の悪化に伴い、一九四四年七月に辞職。敗戦後、A級戦犯として絞首刑。

＊19 **現役武官制** 軍部大臣現役武官制。陸海相を現役武官からのみ任用する制度。政党からの介入阻止を目論み、一九〇〇年に法制化。一時、非現役将官にも補任資格が開放されたが、二・二六事件後、現役制に復した。

＊20 **山本権兵衛内閣** ここでは一九一三年から翌年の第一次内閣を指す。山本は薩摩閥の海軍出身者だが、第一次護憲運動を受け、立憲政友会の参加する内閣を組織、軍官の人事に政党への配慮を見せた。

＊21 **ソ連と対決** 一九一七年の革命により帝政が崩壊したロシアで、混乱期を経て一九二二年にソビエト社会主義共和国連邦（ソ連）が成立。ソ連とその衛星国モンゴルは満州国と長い国境線を有し、日本と対立関係にあった。

＊22 **永田鉄山暗殺事件** 陸軍派閥抗争で永田鉄山少将が皇道派の一中佐に殺害された事件。永田は軍務局長の要職にあり、対立する皇道派を排除する人事を進めていた。

＊23 **木戸幸一**（一八八九～一九七七） 昭和天皇の側近として知られる官僚・政治家。父孝正は明治の元勲・木戸孝允の甥にあたる。一九四〇～四五年まで内大臣を務めて宮中グループを形成。昭和天皇の信頼を背景に、政治的影響力を行使した。

＊24 **不穏文書臨時取締法** 言論統制を強化した法令の一つで、一九三六年六月に公布。治安を妨害する内容の「文書図画」の秘密出版を取り締まるため、あらゆる出版物・印刷物に責任者を明記させ、納本義務を課すことで検閲を強化し、違反者を処罰することを目的とした。

＊25 **近衛文麿**（一八九一～一九四五） 一九三七年から一九四一年までに三度内閣を組織。長期化した戦争に対し、挙国一致の強力な政治体制を目指して国家総動員法や大政翼賛会などを成立させた。

テロがファシズムを生み出す

保阪正康

外には満州事変、そして満州国建国、その結果として国際連盟からの脱退、日本は自ら国際社会での孤立の道を歩んでいくことになった。その道は戦略や政治的計算があるわけではなく、成り行き上、そのようになったとも言えた。国際社会での孤立は、そのまま国内体制へ跳ね返ってきた。孤立は不安、焦慮(しょうりょ)、そして独善へと一瀉(いっしゃ)千里(せんり)に傾斜していくことでもあった。客観的に事態を見るのではなく、全ては主観的に都合の良い見方に埋没するのである。

こういう国内体制への変革は、軍人がテロやクーデターまがいの行為で主導権を握って行われた。軍人をしてこうした非合法な行動に走らせたのには、いくつもの理由がある。軍内では派閥争いが常態化していき、青年将校を甘やかす空気が醸成されていた。加えて議会政治が汚職などにより、機能不全に陥っているかのごとく説く論者の言に乗せられたとも言い得た。さらには軍人特有の思い込んだら直進的に事に当たろうとする性格は、こういう時代には極めて危険でもあった。加えて日本は軍人が政治の前面に出て差配を振るう体制を安易につくり過ぎてきた。明治維新からの歴史を見れば、それは明らかだった。

一例をあげれば、「統帥権干犯」「陸海軍大臣現役武官制」という語は、軍人を増長させた宝刀になってしまったのだが、こういうシステムが近代社会の「文民支配」といった常識に著しく反していたことは否定できない。その意味では日本は近代市民社会よりは一周遅れの状態であったということが言えるであろう。そういう状態がファシズム体制や超国家主義的体制を生んできたといっていいように思う。

昭和の年表を見ていて、昭和という時代がバランスを欠いていくのは「昭和八年（一九三三年）」ではないかと気がつく。この年は、一見すると大きな事件はない。社会を震撼させた血盟団事件（一九三二年二月、三月）、五・一五事件（同年五月）などは前年になるのだが、年表に載る事件は少ないように見える。しかし、歴史の年表に載るような事件の背景は、実は何も起こっていないような時にその芽が出てきているのである。昭和のファシズムは、あえて言えばこの昭和八年に芽が出てきていると言っていいように思える。

さしあたりこの年に起こった事件、事象でその後に大きな影響を与えた項目を以下に箇条書き風に列記しておこう。

①三月　日本、国際連盟脱退を通告
②四月　在郷軍人会と農民運動の連合を目指す皇道会結成
③四月　京都帝大の滝川幸辰（ゆきとき）教授の学説批判、辞職要求
④四月　文部省、義務教育の教科書第四期改訂。神がかりの内容に変わる
⑤六月　共産党幹部（佐野学、鍋山貞親（なべやまさだちか））の転向声明発表
⑥六月　大阪でゴーストップ事件の発生
⑦九月　五・一五事件の被告たちの裁判、決行者に同情集まる

このほか、日本ではないのだが、ドイツではヒトラーが首相に任命（この年の一月）され、自らの軍事政策が国際連盟と相容れないとして脱退を通告している。ドイツはヒトラーの国家として動き始め、日本はその影響力を利用しながら自国の権力を拡大

していこうと考えたのである。いわばファシズム体制への道連れという関係が明確になったということであった。

さて先に列記した七項目は、いずれも日本の孤立化と言論、思想の死滅という意味が含まれている。こういう時代に入るきっかけは、前年の五・一五事件というテロ行為が原因になっている。それゆえに五・一五事件をきっかけにして起こっていく反知性、暴力横行の時代様相を見た上で、先の七項目の事件、事象が持つ意味を解説しておかなければならない。

満州事変、満州国建国、その一連の流れの中で力を持ったのは、軍事機構の中に組み込まれている軍人の一団である。軍事の精神的な拠り所は、一八八二年（明治十五年）に明治天皇によって公布された「軍人勅諭」である。本来なら軍人はこの勅諭にあるように、政治に関わってはいけないはずなのに、この時期は満州国成立、農村恐慌、さらには都市部の工業不況、政治家の汚職、社会道徳の西洋化などを理由に軍部独裁、軍事主導作戦を呼号する運動の必要性が叫ばれた。

軍人たちはその運動を「国家改造運動」と称して正当化しようとした。軍人だけでは、このような運動はできないと民間側の右翼勢力と手を結び、具体的な行動を模索した。こうした運動の第一段階が、前述した五・一五事件だったのである。この事件が、いわゆる青年将校（あるいは中堅将校、高級軍人）から上がった狼煙であり、その火はたちまちのうちに広がった。それが一九三二年（昭和七年）から、三六年（昭和十一年）の二・二六事件までの陸海軍が力を獲得していったテロやクーデターの頻発の理由であった。同時に日本社会のファシズムが暴力を伴った恐怖の超国家主義に変化していったとも言えた。

五・一五事件は、一九三二年五月十五日に海軍の青年士官と陸軍の士官候補生、それに水戸にあった農本主義団体の愛郷塾（塾頭、橘孝三郎）の塾生が参加したテロ事件である。首相官邸を襲い、犬養毅首相を暗殺したグループ、牧野伸顕内大臣を襲撃しようと考えていたグループ、そして東京市内の発電所を襲い、帝都暗黒を考えていたグループに分かれるのだが、結果的には首相官邸で犬養首相の暗殺を行うことにとどまった。この事件を起こしたのは、海軍の士官グループが中心で、他のグループは海軍の国家改造派に説得されて参加した意味合いが強い。

事件そのものは小規模であったが、この事件は昭和史を揺るがす方向に進んだ。繰り返すことになるが、この事件の裁判は翌三三年（昭和八年）から始まったのだが、法廷では奇妙な光景が演じられた。特に二十歳を越えたばかりの士官候補生は、法廷で存分に発言の機会が与えられた。自分たちは名誉も金もいらない、日本が真に天皇陛下の大御心を体現すればいいとか、神国日本の恩情がどうして臣民に伝わらないのか、とかまさに涙を流しながら、この国の心情を訴えたのである。全国に助命嘆願運動が起こり、法廷には百万通に達する嘆願書が届き、被告たちは英雄視された。暗殺の対象になった犬養首相が、まるで悪者のように謗られることにもなった。

前述の七項目の事件、事象はそういう変化の一局面であった。京都帝大の滝川幸辰教授の刑法学説（社会にも犯罪の一因はあると言った説）に対する弾圧も、気に入らない学説は教壇から追放するといった動きであり、国際連盟からの脱退も日本の動機の至純さが認められないことへの反発であった。共産党員の集団転向は、すでに日本は明治維新という革命を天皇が行っているのであり、マルクス、レーニンの革命理論は日本には当てはまらないというのが理由にもなった。日本社会は軍事が社会変革の要になるのであり、それが大御心に沿うのだという論に反対することは許されなくなった。

一九三四年（昭和九年）、三五年（昭和十年）は軍事がこの国の主人公であることを認める動きが加速された。滝川幸辰教授の追放に続き、天皇機関説の美濃部達吉の排撃、貴族院からの追放、さらにはそうした書は発売禁止といった処置を取ることで、異論は排除するといった動きを加速させていく。こういう時代の、つまり暴力が前面に出て一切の異端、異論を根絶やしにしてしまおうという動きは、一九三六年（昭和十一年）の二・二六事件が総仕上げの意味を持った。陸軍の現役軍人たちが決起したこのテロ計画は、天皇の側近を「君側の奸」と名指しして斬殺し、陸軍の皇道派の重鎮である真崎甚三郎を担いで、天皇親政国家をつくろうというのであった。事件発生以来、天皇は一貫して反対したために、この計画は成功することはなかった。

しかしこの事件によって、日本社会は暴力の力によって支配される空間となった。それはまさに戦争国家への衣替えを済ませたような状況になったのである。知性とか理性、さらには冷静なものの見方は見事に消え失せていった。昭和十年代は歪みの伴った社会に変革してしまったと言われる所以であった。

第四章　中国侵攻の拡大

1937 盧溝橋事件―1938 国家総動員法制定

一九三一年（昭和六年）、満州事変をきっかけに、国際的孤立を深め、戦争への道を歩み始めた日本。

一九三七年（昭和十二年）七月七日、北京郊外の盧溝橋での武力衝突をきっかけに、日本と中国は全面的な戦争に突入します。十二月には国民政府の首都南京が陥落しますが、中国軍は戦いを続けました。

目的が明確でない戦争が長びく中で、日本はアメリカとの対立を深めていくことになります。

なぜ中国内部に軍を送り込んだのか

加藤　二〇一七年（平成二十九年）は、日中戦争開始八十年になります。今、改めて日中戦争の意味について、日中戦争から一九四一年（昭和十六年）の太平洋戦争開戦までの歩みについてお話ししていきたいと思います。
日中戦争は、宣戦布告のない戦争でした。そして開戦後の一九三八年一月に第一次近衛声明[*1]が出ます。「今後、国民政府を相手としない」というものですが、国家を相手としない戦争とはどういうことなのか。この戦争の特殊性を含めて、少し考えてみたいと思っています。

保阪　日中戦争については、日本の侵略であるとか、中国における日本の利権を拡大するための戦争だとか、あるいは「暴支膺懲（ぼうしようちょう）」という当時の言葉が示すように「中国を懲（こ）らしめることが目的だった」とするなど、これまでさまざまな言われ方をしてきました。しかし、もう少し新しい視点が必要だと思います。

近代史の中で、中国と戦争する国は、基本的にはなかったわけです。もちろん、中国における権益を確保し、上海などに租界地[*2]をつくり、香港（ホンコン）を租借するといったかたちでの侵出はありました。しかし、中国の内部に自分たちの軍隊を送り込んで戦争をするということは、どの国もやっていない。

それはなぜか。ちょっとかたい言葉になりますが、帝国主義の戦争として中国の内部に入っていくことのメリットは何もなかったからです。広大な土地に兵士を大量に入れて、それで中国の資源を略奪するといっても、相当の資本がかかります。帝国主義的な計算でいくと、中国へ軍を送るというのは得策ではない。中国の国力が弱いから租界地をつくるというのが、欧米の国々の選択だったと思います。

それに対して日本は、あの中国の広大な土地の全域に兵を送り込み、中国を自分たちの国の支配下に置こうとした。この発想自体に、日本の軍あるいは政治が、何か基本的錯誤を犯していたのではないかという気がします。それが結局は太平洋戦争に行き着いてしまう。この「錯誤」というものをもっと具体的にいろいろ考えたいと、私は最近思っているんですね。

半藤　昭和十二年、一九三七年というのは、文芸の復興期でもあります。志賀直哉の『暗夜行路』、川端康成の『雪国』、それから永井荷風の『濹東綺譚』など、みんなこの年の前半に刊行されています。ですからこの年の日本は、みな繁栄を謳歌していたんです。日本の経済状態も非常によく、中国で戦争をするなどということは、およそ誰も考えていない。せっかく、日本はますます繁栄していくだろうという状況下にありながら、なぜ陸軍は対中国戦争に本気になっていったのか。これは疑問中の疑問だと言ってもいいと思います。

加藤　なるほど。

半藤　陸軍には「中国一撃論」の考え方が根強くありました。中国はガーンと一つ殴るとたちまち腰砕けになるという楽観論です。しかし、本当に軍事的な面で常識的な考えので

日中戦争の広がり

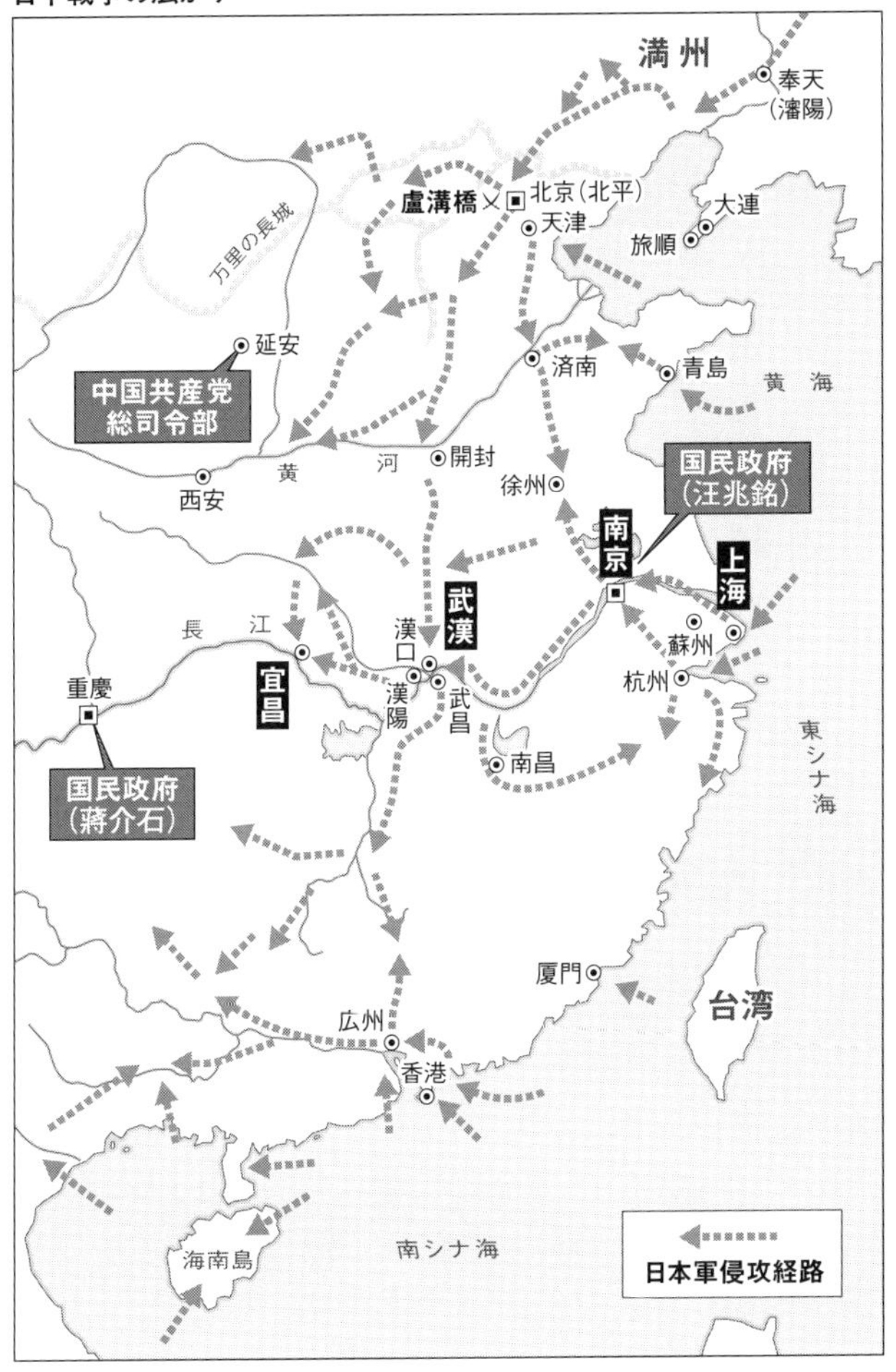
満州
奉天
(瀋陽)
盧溝橋
北京(北平)
天津
大連
旅順
万里の長城
延安
中国共産党
総司令部
済南
青島
黄海
黄河
開封
西安
徐州
国民政府
(汪兆銘)
南京
上海
武漢
長江
漢口
宜昌
蘇州
杭州
漢陽
武昌
重慶
南昌
東シナ海
国民政府
(蔣介石)
厦門
台湾
広州
香港
海南島
南シナ海
日本軍侵攻経路

きる人は、保阪さんが言ったとおり、あんな大きい大陸に軍隊を送り込んで戦争をするなどという、バカなことは考えないと思います。

ところが、満州事変で簡単に中国をやっつけたものだから、今度も同じように「一撃」を食らわせばあっという間に決着がつくというぐらいのつもりで、戦争を始めてしまったということはあるでしょう。

正直に言うと、日中戦争というのは、これから太平洋戦争までなだれ込む、本当のスタートになってしまうわけですが、この時点でもう少し冷静に客観的な情勢をきちんと考えられれば、判断を誤らずに早目に手を打ち、停戦状態に持ち込めたと思います。その意味で、まったく情けない判断の戦争だったと、私は思いますね。

加藤　日中戦争のあらゆる研究において、「泥沼」という単語がキーワードになります。これは侵略を受けた中国側の人からすれば的確かわかりませんが、日本人の気持ちとしては、あれよあれよという間に、逐次(ちくじ)兵力を華北、それから上海、南京へと投入し、いつの間にか八十万人ぐらいの軍隊が中国大陸に展開するという、まさに泥沼の状態になってしまいました。

戦争が始まって二カ月後、近衛文麿総理大臣の演説がラジオで放送されました。

「日本の行動の本質は、世界歴史の本流において、真の国際正義を主張せんとするものであります」

開戦から五カ月後、首都南京が陥落しますが、蒋介石は首都を長江上流の漢口（かんこう）に移して、戦い続けます。

和平工作が失敗に終わると、一九三八年（昭和十三年）一月、近衛総理大臣は「帝国政府は爾後（じご）国民政府を対手（あいて）とせず」と声明を出し、和平の手がかりを断ち切ってしまいました。国民政府は、中国共産党の協力のもとに抗日戦を展開し、戦争は泥沼化していきました。

ラジオは国民に呼びかけました。

「徐州（じょしゅう）陥落！　徐州陥落！　しかし銃後（じゅうご）の皆様、歓声のどよめきはまだ早い」

蒋介石はその後、首都を内陸部の重慶（じゅうけい）に移し、ソ連、イギリス、アメリカの援助を受けながら、持久戦を続けました。

なぜ戦争は泥沼化してしまったのか

加藤　なぜ、この中国との戦争は泥沼化したのかについて、改めて考えたいと思います。

保阪　日中戦争については、戦争の大義と言いますか、名分を探しようがないんです。どう考えても大義はない。当時の人もいろいろ考えてはいたようです。軍人たちがこの戦争に思想的意味を持たそうとしていたように思いますが、結局は明確なものは打ち出せなかった。

一九九二年（平成四年）から九三年ごろ、私は台北に何度か行って、蔣介石の右腕だった陳立夫*3や、蔣介石の次男の蔣緯国*4という人に会って話を聞いたことがあります。

これはとくに蔣緯国が言っていたことですが、古来、どんな強い軍隊でも、ナポレオンでもフビライでも、ひとたび軍を動かすと、直線的に進んでいくという心理があり、そうすると最後は、断崖にまで突き進んで、そこから落ちてしまう。自分たちが目論んだのは、まさにその心理を利用することであり、我々はとにかく日本軍を中国の奥地まで引き入れて兵站を切り、孤立した日本軍の部隊を次々と殲滅していくという戦略を考えていたと言うのです。

そして、「しかし」と彼は話を続け、「いくら軍にそういう性質があるにしても。なぜ日本軍は中国のこんなに奥深くまで入ってきて戦争をするのか、自分には理解できないのだが、君はわかるか」と逆に聞かれました。

私もわからないから、こうして話を聞きに来ているのだと答えたら、彼は、「日本の軍人は単純に言えば歴史観がないのだろう」と言う。なぜ中国と戦っているのか、なぜ中国に攻め入るのか、それを決めるのが歴史観だが、それが日本軍にはないのだろう。軍の論理でしか物事を考えないから、最後は軍事の限界にぶち当たって勝手に潰れていくのはわかっていたことだ――と言われたんです。これは、なるほどと思いましたね。

加藤　軍事作戦そのものから始まった戦争ですと、どうしても参謀本部なり課長級の考える「作戦」重視になる。その上で、戦争相手国の何を変えようとして戦争しているかという「大義」を見ることができる政治家や指導者が、戦争を統御しなければならないのに、当時の日本ではそれができなかったということですね。

保阪　もう一つ、参謀本部作戦課に所属する戦争指導班[*5]という組織があります。この戦争指導班は、当初は日中戦争に反対します。具体的な名前を挙げると、堀場一雄、高嶋辰彦、今田新太郎[*6]など、そういう人がいて反対する。そして彼らの意見を代弁するかたちで、多田駿（はやお）[*7]という参謀次長がはじめは頑張って反対するのですが、結局、戦線は拡大していきます。

戦争指導班の参謀たちがつくっていた資料を、私は遺族から見せてもらいました。それを見ると、まだ日中戦争が始まって間もなくの三カ月ぐらいの間は、どこで戦争を収めるかということを彼らも本当に必死に考えています。しかし、やがてそれを諦めてしまう。「国策」がこうだからということで、もう反対のしようもない。そうなると、戦争指導班の不拡大派の参謀は、配置転換を願い出てほかの部署に異動してしまうのです。

そういう過程をへて、軍の内部も「聖戦完遂」[*8]という言葉一色に統一されていったことがわかります。それが、戦略なき戦争へと突き進んでいく流れだったというわけですね。

半藤　前年の一九三六年（昭和十一年）十一月末に、日本はヒトラーのドイツと日独防共協定[*9]を結んでいます。そのドイツが仲介に入り、日本と中国国民政府との間で「トラウトマン工作[*10]」と言われる和平交渉が行われましたが、保阪さんが今おっしゃった戦争指導班の参謀たちは、このトラウトマン工作に乗って一生懸命に停戦を目指したんですね。
駐華ドイツ大使のトラウトマンが間に入り条件交渉が進められ、一時は蒋介石もオーケーを出し、ひょっとするとうまく停戦協定が結べるかもしれないという状況になった。戦争指導班の参謀たちがここまで話をまとめたので、近衛内閣が和平工作に本気で乗っか

1937年12月、南京陥落に沸く東京の町(提供:朝日新聞社)

れば実現したかもしれなかった。ところが、ここで陸軍が悪い癖(くせ)を出した。停戦協定が結ばれる前に、もっと勢力範囲を広げておこうと、十二月に南京攻略戦を始めてしまったんです。

　大本営には猛反対の人たちがずいぶんいました。しかし、現地軍はとにかく南京を落とせと戦闘を進め、停戦協定より先に南京を落としてしまったわけです。そして、これは変な話ですが、南京を攻略したとなると、近衛内閣もそれまでの和平条件では割に合わないと、条件を吊り上げてしまう。

加藤　そうですね。

半藤　そうなれば、蔣介石も態度を変えます。言っていることが全然違うじゃないか。日本は信用できないとなる。当たり前のことです。これでは和平交渉など台無しです。本当は和平のチャンスはあったんですよ。それなのに、日本軍は、そして日本政府は南京攻略戦を始めて、みずから泥沼の戦争へと突っ込んでいってしまったというのが、歴史的事実だと思います。

加藤　「国家改造」というものを考える人たち、自由主義・資本主義はすでに古いと考える反資本主義的な考え方の人たちが官僚や軍の中にはいて、力を持ち始めていました。いわゆる革新派の官僚ですが、彼らは日中戦争のとらえ方も少し違うんですね。日中戦争は宣戦布告することなく、不意に武力対立が起きて戦争が始まった。こうした事態に対して、彼らは彼らなりにこの戦争の「理論化」をしようとします。

今、日本が中国とやっているのは、宣戦布告していないことでわかるように戦争ではない。中国は、日本がイギリスやアメリカのような資本主義国を代弁していることに気づかず、日本に対して無駄な攻撃、反撃を行っている。つまり、これは一種の内乱、国際共同体に対する内乱にほかならない。だから日本はそれを鎮圧しているのだ――という論理です。

すると、一九三八年（昭和十三年）当時、日本軍に反撃しているのは中国ではなく、匪（ひ）

賊（ぞく）[11]ということになる。日本と中国が国家間の本当の話を始めようとしているのに、言うことをきかない匪賊が反撃をしているというわけです。
現在からみれば、背景の説明を要する不思議な考え方ですが、こうした認識のズレが招いた状況を違う角度から見ると、「泥沼化」ということになるのかもしれないと思います。当時の日本では、なぜ中国がこれほど反撃するのかわからないという人が多かったのではないでしょうか。

保阪　日中戦争について、なぜそういう論理を持ったのか、今でも明確にはわからないですよね。

加藤　そうなんです。アメリカが二〇〇三年（平成十五年）にイラク戦争[12]を始めたとき、私たちはギョッとしたはずです。アメリカとイラクが宣戦布告をして戦うのではなく、イラクがやっていることは、世界に対する内乱であり、テロである。だからアメリカは世界の警察官として、テロを行う犯罪国家を攻撃し、共謀罪を犯している人々を襲いに行く――そんなイメージで戦争が始まりました。

日中戦争というのは、もしかすると二十一世紀的な戦争を先取りしていたのかもしれません。だからこそ八十年経っても、日米戦争はわかるけれども日中戦争はいったいなんだったのだろうと、半藤さんも保阪さんも定義を付けづらい戦争なのではないか。その戦争のある種の思想的なバックボーンについて、少し申し上げてみました。

日中戦争が始まった翌年の一九三八年（昭和十三年）、近衛総理大臣は「国家総動員法」[*13]を成立させます。戦争のために国内の資源を最大限に活用できるよう、政府の権限を大幅に強化しました。

そして一九四〇年（昭和十五年）には、すべての政党が解体され、内閣総理大臣を総裁とする「大政翼賛会（たいせいよくさんかい）」[*14]が結成されました。「大政翼賛会」は、政府が決めたことを町内会[*15]や隣組（となりぐみ）[*16]という組織を使って国民に行き渡らせていく指導機関となりました。

日本は、国をあげて総力戦を戦う「戦時体制」[*17]を強化していきました。

国家総動員法が国民の暮らしを変えた

加藤　戦時体制のもとでは、いわゆる銃後（じゅうご）の暮らしが、非常にわかりにくいかたちで、だんだんと締め付けられていきます。

こういうことがありました。軍用資源秘密保護法*[18]などで、軍用に供する人材及び物的資源の運用が、国防目的と称して秘密になってしまう。そうなると、日中戦争下の一九三九年（昭和十四年）には、金属・機械・工業などの統計がマル秘扱いになってしまう。ということは、国民や議会人などが関与できないところで戦争が進んでいく……。

このあたりの銃後の暮らしに関して、お二人はいかがでしょうか。

保阪　銃後のことに関して言えば、私はいつも、徴兵検査*[19]を例に挙げて話をします。検査では甲・乙・丙・丁・戊の五種類がありまして、甲というのはだいたい三割ぐらい合格します。心身ともに兵隊に向くと評価される人たちで、三十万人ほど合格するのですが、その全員を兵舎に入れて訓練するわけにはいきません。だから一部だけ入隊させて、あとは後備兵として年に何回か訓練するようにします。

庶民の生活の中では、息子が徴兵検査で甲になっても、決して兵隊にはとられないようにと、みんな神社に行って堂々と祈ります。労働力の問題もあるし、兵隊になりたくないという本人の感情もあるでしょう。しかし、それが日中戦争後、甲の者は短期間の訓練で中国に送られるようになってしまいます。

加藤　そうなりますね。

保阪　甲だけでなく乙も、もっと戦争が進んでいくと丙の者も同様になっていきます。一方で、戦争で兵舎に送られるときは、村長と警察署長と小学校の校長が、「〇〇君、頑張れ」と書いた襷（たすき）をかけて神社へ行き、お参りして出征兵士を見送るというかたちが一般的でしたが、戦争が進むにつれて、こうした「行事」もだんだん行われなくなります。物資不足や庶民生活の困窮が原因ですが、それくらい、生活の内容がガラッと変わる。何よりも戦費を捻出（ねんしゅつ）しなければならないということで、庶民の生活はひたすら質素が求められるようになっていきます。

しかし、こうした状況の背景を調べてみたのですが、日本の戦費というのは、日中戦争に関して言えば、ワンプロジェクトとして一九三七年七月七日に臨時軍事費の初めの会計年度が始まるわけです。これは戦争が終わったときが一つのプロジェクトの終わりで、そのときに初めて精算しますから、実は日中戦争にいくらのお金がかかったかというのは、いまだに正確には精算していないんです。

加藤　そうなのですね。

保阪　だから、そうした臨時軍事費というのは、一般会計予算の中の軍事費とは別に、領収書も要らない、軍が自由に使える金です。その財源を確保するために、たとえば軍事公

1938年8月18日、4日後に全国の郵便局で発売される軍事公債（支那事変国債）の点検に汗だくで取り組む係員（提供:朝日新聞社）

債[*20]という国債を買えと国民に通達する。企業には軍事関連の受注を出して、利益が上がるわけだから、それで軍事公債を買えという。とにかく国民の懐からお金を持ってこようとするわけです。

加藤　はい、そうですね。

保阪　とにかく庶民の可処分所得を、言葉は悪いですが、巻き上げるかたちで、臨時軍事費というものが生み出されていく。それが全部戦費に投資される。だから、生活そのものが、完全に個人レベルではなくなり、国家の中の戦費の一歯車のようになっていくんですね。

半藤　私は当時小学生で、まさに「南京陥落万々歳、漢口陥落万々歳」で、昼間は旗行列、夜は提灯（ちょうちん）行列という体験をしました。一九三八年に国家総動員法ができましたから、小学生も含めて、本当に総動員されているという雰囲気がありました。

加藤　動員を実感したのですね。

半藤　ええ、要するに国家というのは、戦争をするためには、まず言論の自由を徹底的に抑えなければいけない。だから、先ほど少し小説の話をしましたが、日中戦争が始まってからの小説は、ろくなものがありません。まともなものは全部発禁ですから。

それから、国家総動員法ができてからは、大学生の軍事教練[*21]が徹底化されまして、戦争は金がかかるから、国家は国民からお金を巻き上げなければいけないということで、賃金統制令が出されるという具合に、生活はどんどん統制されていく。経済的な観点からすれば、おそらくこの昭和十三年、一九三八年がピークだったと思いますね。

加藤　そう思います。

半藤　その国民総生産において最高の時期に、戦争をやっているわけですから、国は国民の労働力と資源力を全部巻き上げようとしたということです。それから、言論の自由を抑えるというようなことが徹底されましたね。ですから、一九三八年に国家総動員法ができるまでの日本人の生活というのは、そんなにギスギスしたものではなかったんです。子ど

1938年4月1日に国家総動員法が公布。写真は、同年7月、武器製造などに必要な金属回収で尼崎尋常高等小学校に集められた金属類（提供：朝日新聞社）

も心によく覚えていますが、浅草は人出であふれていましたし――。

加藤　映画も大盛況だったようですね。

半藤　ところが、この国家総動員法ができてから、どんどん国家や体制による締め付けが厳しくなってきた。同じころ国民精神総動員[*22]が提唱され、生活刷新運動[*23]なんていうのも始まった。弁当は日の丸弁当、梅干しを一つにしろとか、頭は床屋へ行って丸坊主にしてこいとか、そういうかたちで、国民の思想・精神のレベルで戦時体制に持っていこうとする運動が始まるわけです。要するに、日本が本当の戦時体制に入ったのは、一九三八年の国家総動員法の制定からだと言えると思いますね。

加藤　お二人の話をお聞きしていて、経済の面で見ると、国家の財政と家計における「公的領域」「私的領域」の区別がなくなっていったところに、戦時体制の特徴が顕著に見て取れるように思います。

国際連盟の国際協調路線に日本がいたときは、たとえばワシントン条約[*24]、ロンドン条約[*25]のような軍縮条約で、大国同士が軍備をお互い抑制し我慢するから、国内の民需予算というものが豊かにできるという流れが確保されていました。当時、「大砲もバターも」という言葉がありましたが、「大砲」をコントロールすることで「バター」が保証されたわけです。

しかし、この日中戦争で戦時体制になり、臨時軍事費が膨張すると、帝国議会は審議のしようがないし批判もできない。さらに軍事関連のデータも隠される。日本の軍需産業も重化学工業も、その生産実態が一般には隠されてしまうわけですから、銃後は、目隠しされたまま総動員体制に組み込まれてしまう。

国家の軍需予算は膨張を続ける。そして陸海軍は何をやっているかと言えば、目の前の日中戦争には、実は三割ぐらいしか予算を割かずに、あとの対英米戦の準備をしているんですね。それが、「泥沼の日中戦争」の背後で進められていた、銃後の実態だったということが、浮き彫りになったと思います。

＊1　**第一次近衛声明**　「帝国政府は爾後国民政府を対手とせず」として、蔣介石率いる国民政府との和平交渉打ち切りを宣言。南京戦の勝利で政府・軍部に生じた強硬論の高まりや、ドイツを通じた和平交渉の失敗から、近衛内閣が和平機会を放棄したもの。

＊2　**租界地**　上海など中国の開港場に設けられた外国人居留地。行政や警察を諸外国が管理する中国の行政権が及ばない地で、列強の中国侵出拠点となっていた。

＊3　**陳立夫**（一九〇〇～二〇〇一）　中華民国の政治家。兄の陳果夫とともに蔣介石の側近で、国民党を統括、政治・経済で大きな影響力を持った。

＊4　**蔣緯国**（一九一六～一九九七）　中華民国の軍人。中国とドイツの提携に伴い、ドイツに留学する。中国国民党の台湾撤退後も軍の高官を務めた。

＊5　**戦争指導班**　一九三六年に創設された第二課、通称「戦争指導課」が始まり。翌年参謀本部作戦課に属する戦争指導班となり、組織改編を経て敗戦まで活動。国策の企画立案を長期的視野で行うことを目的とした。

＊6　**堀場一雄、高嶋辰彦、今田新太郎**　三人ともに陸軍士官学校、陸軍大学校を卒業。堀場（一九〇〇～一九五三）は「国防国策集」「日支新関係調整方針」の作成に従事。高嶋（一八九七～一九七八）は戦線拡大に反対の考えを持ち、堀場らと「支那事変解決処理方針

案」立案に携わる。今田（一八九六〜一九四九）は高嶋と同期で、参謀本部付で張学良顧問だった際、柳条湖事件の鉄道爆破実行役を務めた。

＊7 **多田駿**（一八八二〜一九四八） 陸軍士官学校、陸軍大学校を卒業。満州国軍政部最高顧問などをへて、盧溝橋事件後の一九三七年に参謀次長就任。対中国戦の不拡大派に属した。

＊8 **「聖戦完遂」** 「聖戦」すなわち正義の戦いを、最後まで戦い抜くことを謳ったスローガン。政府・軍部はこうしたスローガンを掲げて政治体制を正当化し、国民の不満を逸らそうとした。

＊9 **日独防共協定** 一九三六年十一月、日独間でコミンテルン、ソ連に対しての共同防衛措置を規定。翌年、英仏に対する枢軸体制強化のためにイタリアが参加し（日独伊防共協定）、四〇年の三国軍事同盟へと発展した。

＊10 **トラウトマン工作** 駐華ドイツ大使トラウトマンを介した日中和平工作。陸軍の不拡大派と第一次近衛内閣が推進。南京戦で日本が勝利すると、政府・軍部内に強硬論が高まり、賠償や領地割譲の要求が加えられ、和平交渉は失敗した。

＊11 **匪賊** 略奪などを行う非政府の武装集団。満州馬賊など、日本側としばしば抗争した。

＊12 **イラク戦争** 一九九一年の湾岸戦争停戦で約束された大量破壊兵器の破棄に違約（のちに誤りと判明）しているとして、アメリカとこれに同調したイギリスによるイラクへの攻撃。

＊13 **国家総動員法** 長引く日中戦争のために労働力や物資の統制を、国会審議をへずに実施できるようにした法律。第一次近衛内閣が成立させ、戦時経済の統制を行った。これをもとに国

民徴用令や価格等統制令などが定められ、社会生活全般を統制する体制が整えられた。

＊14 **大政翼賛会** 挙国一致で戦争を遂行するため、一国一党制を目指して第二次近衛内閣時に設けられた組織。

＊15 **町内会** 一九四〇年に内務省訓令を出し、その整備を推進。大政翼賛会の末端部に位置付けられ、配給品の統制で役割を担うなど、隣組とともに一般生活に強く関与した。

＊16 **隣組** 町内会（都市部）や部落会（村落）の下部に設けられた団体。およそ戸数十軒程度で組織され、戦争協力に各戸を指導した。

＊17 **戦時体制** 近現代戦は、軍事だけでなく、国家のあらゆる力を戦争のため動員する総力戦と捉えられた。このために、政治・経済・社会生活など広範な分野を統制する国内体制のこと。

＊18 **軍用資源秘密保護法** 一八九九年の軍機保護法で統制できない範囲の軍機、軍用資源の情報漏洩を取り締まる法律。一九三九年公布。

＊19 **徴兵検査** 国民皆兵主義により、一八七三年から課せられた成年男子の義務。身体検査で甲乙丙丁戊の五つに分けられ、丙種までが現役（軍隊に編制され常時軍務に就く）、もしくはその他の兵役に適するものとして合格になった。

＊20 **軍事公債** 戦時公債。国が軍事費調達のために発行する公債。日本では強制割り当てなどで市中消化が推進されたが、多くは日本銀行などの引き受けとなり、インフレの要因となった。

＊21 **軍事教練** 学校教練。中学校以上の学校に軍人を配属し行われた軍事教育。開始時点では軍縮による余剰人員救済の目的もあった。

＊22　**国民精神総動員(運動)**　一九三七年、第一次近衛内閣が戦争遂行のために提唱。国民を積極的に戦争に協力させるため、はじめは「尽忠報国」などをスローガンに精神的な面が主だったが、のち国債応募や軍への国防献金を半強制的に進める運動も行われた。

＊23　**生活刷新運動**　政府による国民への生活統制の一つ。節約奨励など生活全般の緊縮を求める精神運動をもととするが、その実践のために職場単位で設置の生活刷新班がこれを推進し、「労使一体」で国策協力を行うものとした。

＊24　**ワシントン条約**　ワシントン海軍軍縮条約。第一次世界大戦後の戦勝国による軍拡競争に歯止めをかけるため、一九二一年から翌年にかけて開かれたワシントン海軍軍縮会議で採択された条約。アメリカ、イギリス、日本、フランス、イタリア五カ国の戦艦・空母等の保有制限が取り決められ、国家間の比率は「米英＝五」「日＝三」「仏伊＝一・六七」となった。

＊25　**ロンドン条約**　ロンドン海軍軍縮条約。ワシントン条約を受けて、さらに巡洋艦以下の補助艦艇の保有制限を決めるため、一九三〇年に開かれたロンドン海軍軍縮会議で採択された条約。条約の採否をめぐり、日本海軍内部では賛成する「条約派」と反対する「艦隊派」という対立構造が生まれた。

日中戦争を拡大させた日本の奢り

保阪正康

昭和十年代の日本は、いわばファシズム体制が極端に進んだ社会であった。軍事が政治、外交、文化、社会、さらには人間の生活の営み全てを支配して、一切の民主主義的な発想も生活環境も、政治的発言も許さないといった極端なまでの全体主義的国家をつくり上げた。そういう社会は日本の歴史の中でも稀有な国家であった。

私たちは二度とあのような国家をつくりたくないと思えばこそ、ああいう社会はどうしてできるのか、そのことを確認しておきたいと思う。一九三七年（昭和十二年）七月七日に北京郊外の盧溝橋で演習中の日本軍と中国軍の間に小さな衝突が起こった。衝突は双方が訓練中のためにどちらが先に発砲したかを論じてもさほど意味はない。この小さな衝突は双方とも拡大する意思はなく、実際に停戦交渉を行った。ところがこの衝突を利用したり、勢力拡大の手段に使おうとの意思を持つ軍人が存在した。何か機会があれば中国へ侵出して、権益を確保しようとの意図を持っていたのである。

この章では、盧溝橋事件から始まる日中戦争が、近代日本の致命的な誤りとして歴史的には理解されているが、その前提の上に一九三七年七月から、長期戦に入っていく一九三八年のある時期までを俯瞰しながら、日本の誤謬、失態の原因はどこにあったのかを考えてみたい。そうすることで日本はなぜ失敗を軌道修正する力を持たなかったのだろうか、そのような歴史的決算について改めて考えてみたいと思う。

前述のように、盧溝橋事件は本来現地での日本軍も中国軍も大規模化する意思はなかった。ところが現地の日中両軍の意思を超えて、ここから戦争へと拡大していく最大の理由は、日本側の参謀本部作戦課などの幕僚の戦略にその因があった。もともと満州に対しては、日露戦争以後に日本が有している権益を拡大したいという、軍人を中心に外交官、それに政治家などが絡んでの思惑が一貫して存在していた。

それが、一九二八年(昭和三年)の張作霖爆殺事件、三一年(昭和六年)の満州事変というように、より具体的な軍事行動へと進んでいったが、関東軍を軸にした軍事行動はまるで一本道を直線的に進んでいくかのような猛進ぶりであった。盧溝橋事件の一年前の二・二六事件により、軍事は実質的に政治的支配の主役になった感があるが、その勢いが盧溝橋事件以後の強硬な路線ともなった。

盧溝橋事件の報告を受けた参謀本部の作戦課は、北京、天津などに限定するかたちで、敵対的行為をとる中国軍に一撃を加えていいとの判断を示していた。現地での解決を目指すというよりは、この際中国軍を叩いておこうというのが思惑だったのである。そして中国軍の動きを見ながら、増派、増兵の方向に向いていく。近衛文麿首相もそれを容認するかたちになっていく。こういう経緯をたどりながら、七月の終わり以後は日本軍と中国軍の衝突が繰り返されていくことになった。いわゆる日中戦争は、日本の軍事指導部の中枢が待ち望んでいた小規模の衝突からはじまり、やがて全面戦争となったのだ。

戦闘はやがて華北全域に広がっていった。八月の半ばからは上海でも日本軍と中国軍とが衝突した。蔣介石政府は抗日、反日の姿勢を明確にするために上海では徹底した戦いを挑んだし、日本は、盧溝橋事件以来の軍事衝突を、「暴戻なる中国政府を膺懲することで、南京政府を謝らせる」と位置付けることになった。「暴支膺懲」というあまりにも軽はずみのスローガンを掲げての戦いとなった。こういうスローガンが戦争目的に掲げられるほど、日本は対中戦争の目的が曖昧で、戦略上の芯のある計画もまったく持っていなかった。

日本軍は中国軍を追撃して、中国内部に入っていくのだが、日本軍の参謀たちは「対支一撃論」で首都の南京を落とせば、軍事的にケリがつくだろうと考えていた。中国側は確かに軍事的には不利な状態だが、徹底抗戦して日本軍を追い出すというのがどの党派にあっても重要な柱となっていった。

付け加えておくならばこの頃の中国は、二つの基本的な問題を抱えていた。一つは、国内統一がなされていないために帝国主義国家のターゲットにされていたこと。中国の権力構造もさまざまな勢力が権力を握るべく暗闘を続けていた。もう一つは、軍事に関して総合的な国力が培養されていなかったこと。あえて言うなら軍事は本格的に近代化するべき意思に欠けていて、戦争などで命を失うことに価値を求めていなかった（日本との戦争で侵略されているといった状況に怒りを持った人たちは次第に一身を賭すことを恐れなくなる）。いわば近代化するにはあまりにも国土も広く、大きく、そして制度やシステムが新しい時代に対応できない状態であったのだ。

それだけに日本軍は実に短期間に中国内部に入り込み、その制圧地域を広げていった。まさに破竹の勢いだったのである。

日中戦争関連の年表を見てもわかるとおり、短時間のうちに日本軍は要衝を攻め落としている。一九三七年（昭和十二年）十二月には、南京を制圧し、さらに奥地へと進んでいった。当初こそ不拡大を口にしていた近衛内閣は、軍のこうした攻勢に異議を申し立てることはできず、ほとんど軍の言いなりになって事態を黙認するかたちを採ったのであった。その間に講和の動きがなかったわけではなかったが、日本側が条件を吊り上げるかたちになって、沙汰止みになっている。むしろ南京を陥落させたら、蔣介石政府は和を求めてくるだろうと想定もした。しかし現実はそれほど甘くはなかったのである。

南京制圧のあとは、徐州作戦、武漢攻略戦、広東攻略と日本軍は兵を進めた。そうした作戦では部分的に日本軍にも損害が出ることがあった。中国軍の中にも近代的装備、システム、そして戦闘意欲の高い部隊が存在したのであった。加えて思想で武装した共産軍（八路軍）の兵士たちは抗日の意識も高く、毛沢東のゲリラ論などを身につけて前線に出てくるようになった。こうして中国内陸部まで占領支配の地域を広げ、結果的には四〇パーセントの国土を日本は支配することになった。

しかし本来国力に限界がある日本は、こういう長期戦、そして持久戦に入ることになった段階で、これまでの戦争のかたちを再考しなければならなくなった。長期—持久戦に耐えるだけの国力など持ち合わせていなかった。そのつけは国内政治に回された。国民は戦費調達のために戦時体制に組み込まれていくことになった。

消費生活の耐乏から始まり、「ぜいたくは敵だ」「ほしがりません。勝つまでは」といったスローガンが街にも貼られ、軍事独裁政治が常識となった。一九三八年（昭和十三年）四月からは国家総動員法が公布され、軍事が国のあらゆる権利を奪い、そして軍事のために「臣民」は奉仕する存在になった。この戦争の長期化は、やがて日本の政治、外交、そして社会構造を変えただけではなく、さらには日本社会そのものを根本から変えていくことになっていく。中国との戦争が片付かないのは、アメリカ、イギリスなどの蔣介石支援があるからだと判断して、やがてその対立から戦争への道を一直線に進んでいったのである。

盧溝橋事件からの日本と中国との関係は、日本の奢り、高ぶりに因を求めることができると考えていい。その理由を自覚することは、昭和史と向き合った時の避けて通れない設問である。

第五章　三国同盟の締結

1939 第二次世界大戦勃発 ― 1940 日独伊三国同盟

一九三九年（昭和十四年）、ヨーロッパでは、ヒトラー率いるドイツがポーランドに攻め込み、イギリスやフランスを相手に第二次世界大戦が始まりました。翌一九四〇年（昭和十五年）、ドイツはオランダとベルギーを占領し、フランスのパリも無血で占領します。

そのようなとき、ドイツからの特使スターマーが日本にやって来ました。日本と軍事同盟を結ぶ交渉をするためです。ドイツからの軍事同盟の提案は、二年前の一九三八年から伝えられていましたが、日本政府や軍部の中では意見が分かれ、論争が繰り返されていました。

ヨーロッパで戦争をしているドイツやイタリアと日独伊三国軍事同盟[*1]を締結するかどうか、改めて日本の選択が問われることになりました。

なぜ軍事同盟は結ばれたのか

半藤　一九三九年（昭和十四年）から四〇年にかけて、日本はどんどんナチス・ドイツに傾斜していきました。国民の中にも、ドイツの存在がものすごく大きく浮かび上がってきたんですね。ヒトラーユーゲント[2]というドイツの青少年団が三十人くらいで来日したのが一九三八年。規律正しく立派で、お前たちも見習えと言われましたが、いわゆるヒトラーブームです。出版の世界でも、ナチス叢書[3]というシリーズがあったくらいで、ものすごい数の関連本が出ました。

そういう状況下の一九四〇年九月に、ドイツの特使ハインリヒ・スターマーが来日し、日独伊三国軍事同盟の調印に漕ぎつけます。すでに日本では、同盟調印を受け入れる態勢ができているような状況でしたが、問題は、なぜドイツが日本と同盟を結びたかったかということです。

ドイツにすれば、日本と同盟を結ぶことでソ連を牽制するというのが目的の一つでしたが、むしろアメリカを牽制したいという意識が強かったと思います。アメリカと太平洋を挟んでにらみ合っているのは日本です。その日本の海軍力をもってアメリカを牽制し、アメリカがヨーロッパ戦争に参加してこないようにしたい――それがヒトラーの考え方でしょう。ところが、日本はそれを正しく理解していなかった。日の出の勢いのヒトラー、憧れのドイツと同盟を結べば何かいいことがある、その程度の認識だったのではないでしょうか。

保阪　国際連盟を脱退して孤立した日本が、さらに中国との戦いで孤立を深めた結果、どこかと手を結ばざるを得ない状況になった。そのあたりをドイツがうまく利用して日本に接近し、実現したのが三国同盟だと思います。

もう一つ、ドイツ大使の大島浩[*4]の問題も指摘できます。ヒトラーの言いなりだったという説もある人ですが、彼のドイツ語は非常にレベルが高く、自在にコミュニケーションが取れた。これは当時、大島と一緒にドイツに駐在していた外交官に聞いた話ですが、大島は、ドイツ人のパーティーに日本代表として出席すると、ドイツ語で童謡を披露(ひろう)したそうです。そうすると、ナチスの指導者たちも涙ぐんでいたと。それぐらい彼のドイツ語は達者で、誰とでもどんな話もできた。

逆に言えば、そういう人物がいたからこそ、三国同盟につながったとも言えます。三国同盟は大島浩ありきだった。彼のかなり個人的なレベルでのドイツとの関係が、陸軍の首脳部に受け入れられ、それが三国同盟を締結させたと見るべきだと思います。もちろん、これには海軍は徹底して反対していますね。

半藤　一九三九年には、海軍大臣の米内光政(よないみつまさ)[*5]、次官の山本五十六(いそろく)[*6]、軍務局長の井上成美(しげよし)[*7]という海軍三羽ガラスが猛反対して、いったんは三国同盟論を潰しています。ところ

1936年11月25日にベルリンで行われた日独防共協定の調印式。サインをするのは日本代表の武者小路公共駐ドイツ大使。後列左から3人目が、当時陸軍武官だった大島浩（提供：朝日新聞社）

が翌四〇年に再び三国同盟交渉が持ち上がったときは、この三人とも海軍中枢にはいませんでした。米内は首相となりましたが総辞職。山本は連合艦隊司令長官に転じ、中枢から遠ざけられ、井上は支那方面艦隊参謀長となり、大陸にいました。したがって、この時期の海軍は、必ずしも猛反対する将官ばかりではなくなり、むしろドイツと結んだほうがいいと思う軍人も増えていたわけですね。

日米関係への懸念

半藤　しかし、ヨーロッパではすでに第二次世界大戦が勃発し、ドイツとイギリスが激しい戦いを始めていました。そのイギリスとアメリカは手を結んでいる。ということは、ドイツと手を結ぶことは、イギリスを敵国にすることであり、アメリカを敵国視するということを表明したのも同じですから、非常に危険です。

加藤　そうですね。もうすでに戦争は始まっているわけですから。

半藤　アメリカを牽制するどころか、逆に戦争に引き込むのではないかと猛反対する軍人も海軍にはいました。ところが外務大臣として交渉にあたった松岡洋右は、ドイツ、イタリアと手を組んで、そこにソ連も加われば、アメリカはあえて出てこないと説いたわけです。

これは松岡の構想ですけれども、近衛も承知しています。それから私は、天皇もこの松岡の構想を聞き届けたと思いますね。最近出た『昭和天皇実録』（宮内庁）の中で松岡が二時間も天皇を口説いていますから、当然言っているでしょう。「日独伊露の四国同盟まで広げれば、アメリカは出てきません。ですから、平和を保つためにはむしろいいんです」と。天皇は、『昭和天皇実録』に納得したとは書いてありませんが、たぶん、そうかそうかと聞くだけは聞いたのだと思います。

加藤　この日独伊三国軍事同盟については、反対・賛成が割れて激しい議論となりました。

御前会議や枢密院[8]会議では、夜を徹して議論しても、なかなか結論が出ない。昭和天皇や枢密院議長の原嘉道[9]は三国同盟締結に反対でした。いま、アメリカがイギリスを援助することを表明しながらも全面的に参戦しないのは、日本がまだ中立でいるからだ。すでに参戦しているドイツと日本が同盟を結んだならば、いよいよ賽は投げられたことになる。イギリスだけでなくアメリカも敵国になるというのが、彼らの主張でした。それは、三国同盟反対を掲げる人の誰もが懸念していたことだったのです。

一方で、国民はこの問題をどうとらえていたか。先ほど半藤さんがおっしゃったように、ヒトラーブームを背景に三国同盟を歓迎する声もありましたが、やはりアメリカを敵に回すことを心配する声もありました。一九四〇年（昭和十五年）九月に、この三国同盟をめぐる検閲方針が出ましたが、そこには、日本国内で同盟への反対論、賛成論の二つがあったということを新聞は書いてはいけない、そして三国軍事同盟はドイツとイタリアを利するものであって、日本は損をするということも書いてはいけない——と記してあります。ということは、この三国同盟に対し、国民の意見が賛成・反対に二分されていたということが、逆にこの検閲方針からわかります。

希望的観測に過ぎなかった日本の狙い

加藤　端的に言いまして、日独伊三国軍事同盟を日本が締結した目的は、別のところにあります。

一九四〇年六月にフランスがドイツに降伏しますが、そうなると、第二次世界大戦でドイツを相手に戦っている国はイギリスしかありません。ということは、そのまま終戦になるのではないかという見通しもありましたから、終戦になったときは、東南アジアに植民地を持っている宗主国——イギリスがその最たるものですが——、フランスやオランダも含めて、植民地の主がいなくなってしまう。となれば、戦勝国であるドイツがすべてかっさらっていってしまうかもしれない。日本はドイツと防共協定（日独防共協定）を結んでいましたが、それだけではもったいない。軍事同盟にしておいて、講和会議に日本も戦勝国として参加しよう——そういう狙いがあったのです。

日独伊三国軍事同盟には、たしかに日本がドイツに騙(だま)された、ドイツとイタリアに都合のよい同盟を結ばされたという側面も、もちろんあるかもしれません。しかし一方で、ドイツが軍事力で負かしたフランスなりオランダなり、そういう国が持っていた東南アジアという植民地の分け前を講和会議でもらおうという、ある種のしたたかな論理が、日本にはあったと思います。

半藤　一九三九年（昭和十四年）、アメリカが日米通商航海条約[*10]という、明治以来、続いてきた日本との貿易の条約を破棄、廃棄すると通告してきます。そして翌四〇年の初めに、それが成立する。アメリカと本当に貿易ができなくなると、これは大問題です。とくに海軍は、アメリカから石油が輸入できなくなるとどうしようもなくなります。

もしそういう事態が起きたときは、どうしたらいいかというのが最後の悩みでしたから、そこで目をつけたのが蘭印と仏印、今のインドネシアとベトナムの石油地帯です。簡単に言えば、スマトラとかボルネオ、インドシナ半島あたりの石油を手に入れたほうがいいと考えた。ヨーロッパ戦争で、そのあたりの国を支配しているフランスもオランダも、ドイツに降伏していますから、ちょうど空き家です。ならば、それを手に入れたいと海軍は思うわけですが、もちろん、そこで手を出せば、アメリカは黙っていない。では、黙らせるにはどうすればいいか。ドイツ、イタリアと同盟を結び、さらにソ連も仲間に入れて四国同盟まで持っていくことに成功すれば、アメリカはまさか手を出してこないだろう。それぐらいの準備をしておけば、アメリカは貿易条約を廃棄してきたけれど、また元へ戻るのではないか——。このように、まったく自分本位で虫のいいことを、日本の指導層は考えたというわけです。

泥沼の日中戦争打開のために

保阪　私は、三国同盟の背景には、軍事指導者たちの思い、つまり、中国との戦争に決着をつけるためには、どうしても中国を支援している英米との関係を整理しなくてはいけない、あるいはカタをつけなければいけない、という思いがあったと感じています。

三国同盟を結ぶということは、アメリカと徹底的に敵対するということを意味します。逆に言えば、日本としては、中国との戦争にケリをつけるために、アメリカを切り離して牽制しておきたいという狙いがあったと思います。しかし、結局それは失敗します。のちにアメリカが日米交渉の場で三国同盟からの離脱を必ず要求してくるというのは、アメリカ自身の戦略の中で、やはり三国同盟の意味をかなり真剣に受け止めていたということだと思います。

加藤　本当にそう思いますね。英米側は、香港やシンガポールやフィリピンにおける英米の権益を守るということだけではなく、中国との貿易に対して自由にアクセスする権利が守られるかどうかというところで問題を捉えています。

保阪さんがおっしゃったように、日本側も、とくに陸軍は日中戦争を解決するのは、どうも蔣介石との二国間交渉では無理なので、英米に対して圧力をかけながら中国問題の解決を図るという方向に舵(かじ)を切った。そこは見落としてはいけない、とても重要なことだと思います。日本陸軍が想定していたのは、本来は対ソ戦であり、その準備をしていました。それがなぜ対英米戦を視野に入れるようになったのか。そこは日米開戦に至った重要なポイントだと思います。

保阪　結局、中国との戦争にケリをつけるということは、逆に言えば、中国の泥沼化ということの一つの現象なんでしょうね。

加藤　当時、三国同盟について近衛文麿はラジオ放送でこのように語っています。

「この間、東亜をめぐる関係列国の動きは、ますます事変の性質を複雑にし、その解決を困難ならしめておるのであります。日支の紛争は、世界旧体制の重圧のもとに起これる東亜の変態的内乱であって、解決は世界旧秩序の根底に横たわる矛盾を新たに変えたときに達成される」

つまり、日中戦争の複雑な「変態的内乱」は、「新秩序」によってできる勢力圏、世界新体制のもとで初めて解決できるのだと、近衛はラジオで言っているわけです。その意味でも、やはり三国同盟にとっての日中戦争解決の位置づけは大きいと思います。

一九四〇年（昭和十五年）九月二十七日に、日本は日独伊三国軍事同盟に調印しました。交渉が始まってからわずか二十日後のことでした。

二カ月前（一九四〇年七月）に成立した第二次近衛文麿内閣は、「東亜新秩序[*11]」の建設を目指すめとして、ドイツとの同盟強化に踏み切ったのです。

日独伊三国軍事同盟のもとで、三国は互いに政治的、軍事的に援助し合うものとされました。日本は、三国軍事同盟を選んだことで、アメリカとの関係を決定的に悪化させることになりました。

三国軍事同盟締結は何をもたらしたのか

半藤　日独伊三国同盟が結ばれたときの日本人の熱狂ぶりは、本当に現在では想像もつかないぐらいのものでしたね。

加藤　そうですね。

半藤　新しい時代の同盟ができたということで、大盛り上がりになってしまう。つまり、そんなことはあり得ないと思いますが、ドイツがヨーロッパを征服して、ヨーロッパ新秩序をつくる。日本はそのドイツの留守の東南アジアを征服して、日本を盟主とする東亜新秩序をつくる。そしてアメリカは、アジアから手を引いてアメリカだけの秩序をつくり、ソ連はソ連で秩序をつくる。だから、世界の新しい秩序が四つになって、めでたく平和な世界が来る――と。そんなことを本気で考えたのかと言いたいところですが、当時の多くの日本人は、本当に大真面目に考えたみたいです。

加藤「三国軍事同盟締結は何をもたらしたのか」という結論についてはどうでしょうか。

半藤　端的に言えば、アメリカを戦争に参加させるための「証文」をつくってしまったようなものです。アメリカ人は、中立法を守って、できるだけヨーロッパ戦争に参加しないという世論がものすごく強かったのですが、三国同盟以後は、アメリカ人もナーバスになり、日本を敵視するようになります。もちろん敵視する風潮自体はそれ以前からありましたが、それでも、やはりアメリカはヨーロッパ戦争には参加しないというのが基本だった。しかしこの三国同盟以後、アメリカの世論は日本にかなり厳しく当たるようになってきます。

1940年9月27日、ベルリンのヒトラー総統（前列中央）の官邸で、三国同盟条約の調印式場に向かう来栖三郎駐ドイツ大使（前列左）とイタリア外相チアノ（前列右）、ドイツ外相リッベントロップ（ヒトラーの左後ろ）たち関係者（提供：朝日新聞社）

だから三国同盟は、一言で言えば、アメリカを戦争参加に促したと言っていいでしょう。そして、日本はこのときにノー・リターン・ポイントを越えたのです。もはや戻れないところに、その先の一歩に進み出してしまったと、私は思います。

加藤　ポイント・オブ・ノー・リターンがこの三国軍事同盟締結だという、そういうお考えですね。

半藤　私はそう思いますね。このときに日本はもう、日米戦争への道を踏み出したと言っていいと思います。

加藤　三国軍事同盟というのは、

一九四〇年（昭和十五年）十月までに予定されていた、ドイツの対英上陸作戦を念頭に、ドイツはイギリスを決定的に打ち負かせるのだという前提でつくられます。しかし同盟の締結後、イギリス本土上陸作戦の前哨戦に位置づけられていた「バトル・オブ・ブリテン」[*12]と呼ばれるドイツの航空作戦が、実際にはうまくいかず、上陸作戦が実現しない状況が見えてきます。ですから私は、三国同盟の締結は、日本側に次なる手を打たなければいけないという気持ちを抱かせたのだと思います。

その次なる手の一つは、野村吉三郎（きちさぶろう）[*13]を駐米大使として送ったことです。アメリカと「諒解（りょうかい）」をつくろうとする動きは非常に早い。正式な日米交渉は翌年の一九四一年春ですが、四〇年の十一、十二月には始まっています。一方で松岡洋右は、ソ連を引き込もうと思ったけれども失敗し、ソ連やドイツの動向を見に行こうとヨーロッパに足を運び、その結果、日ソ中立条約[*14]を結んできます。

ですから、その前に三国軍事同盟が実際の効果をもった時期というのは、非常に短いものでした。日本で言えば、ドイツがイギリスに勝利する、まさにその瞬間に講和会議が開かれたら困るから、その前に三国同盟を結んだ。しかし、対英上陸は失敗し、では次はどうしようかと、全員が顔を洗って出直す、そんな状況でした。

そして国民の側は、検閲の方針もありましたから、三国同盟に反対する動きが日本の一方であったこと自体、ほとんど知ることはなかったと思います。

＊1 **日独伊三国軍事同盟**　日本・ドイツ・イタリアに対する攻撃に相互援助を協定したもので、日本においては英米との対立が悪化した。

＊2 **ヒトラーユーゲント**　ドイツのナチス青少年組織。党の一組織に始まったが、ヒトラー政権成立後は強制参加となり、未成年への思想教育と軍事教練を担った。

＊3 **ナチス叢書**　駐ドイツ大使を務めた大島浩や哲学者の小島威彦らにより、一九四〇年から刊行されたナチス関係出版物群。出版元はアルス。『ナチス・ドイツの世界政策』など。

＊4 **大島浩**（一八八六～一九七五）　陸軍軍人。ドイツ大使館付武官などを経て予備役編入後に駐ドイツ大使就任。親ナチス派で、日独防共協定や日独伊三国軍事同盟締結に動いた。

＊5 **米内光政**（一八八〇～一九四八）　海軍軍人。連合艦隊司令長官などを経て海軍大臣や首相に就任。

＊6 **山本五十六**（一八八四～一九四三）　海軍軍人。航空本部長などを経て海軍次官に就任。のち連合艦隊司令長官として太平洋戦争の指揮にあたり、ブーゲンビル島で戦死した。

＊7 **井上成美**（一八八九～一九七五）　海軍軍人。横須賀鎮守府参謀長などを経て、一九三七年に海軍省軍務局長就任。米内光政海相・山本五十六次官とともに軍政の枢要を担った。

*8 **枢密院** 天皇の最高諮問機関。当初は維新元勲や藩閥政治家などから構成され、国政を左右するほどの力を有した。内閣から独立した組織で、しばしば政党内閣や議会と対立した。

*9 **原嘉道**（一八六七～一九四四） 法律家。法曹界で活躍し、田中義一内閣で司法相に。治安維持法に死刑を追加するなどの修正にあたる。一九三一年、枢密顧問官に就任、のち議長。

*10 **日米通商航海条約** ここでは一九一一年に結ばれた条約で、一八九四年締結の通商・航海の自由についての条約を改正したもの。日本の関税自主権が完全回復された。

*11 **東亜新秩序** 第二次近衛声明で示された欧米排除の新東アジア構想。実態は日本中心のブロック経済圏確立を目指すもので、のちに大東亜共栄圏構想に展開した。

*12 **バトル・オブ・ブリテン** 一九四〇年六月の北部フランス占領後、ドイツ空軍が行ったイギリスへの攻撃。激しい航空戦がなされたが、イギリスがこれを阻止。ドイツの目的とするイギリス本土上陸作戦が実行できなくなった。

*13 **野村吉三郎**（一八七七～一九六四） 海軍軍人・外交官。第三艦隊司令長官などを務め、予備役に編入。阿部信行内閣で外相に就任した後、一九四〇年十一月に駐米大使となり、アメリカ本土で日米交渉に当たった。

*14 **日ソ中立条約** 一九四一年四月にモスクワで調印され、有効期限五年。日本は東南アジア方面進出、ソ連は対ドイツ戦という、それぞれの目的で後方の軍事的脅威解消を目論んだ。

戦間期に成立した「三国同盟」という〝ねじれ〟

保阪正康

第二次世界大戦が始まったのは、一九三九年（昭和十四年）九月一日である。具体的にはドイツ軍がポーランドの領土内に大軍を送り込んだのが契機になっている。いわば宣戦布告なき開戦でもあった。ドイツ軍とポーランド軍の軍事力を対比すると圧倒的にドイツ軍が有利だったので、ポーランド軍はなすすべもなく国土のほぼ半分を制圧された。この第二次世界大戦の始まりは、日本にとっては複雑な意味を持った。

とくに重要なのは、ヨーロッパの地図が日本の「敵と味方」を明確にしたことであった。実はこのポーランド侵出の一週間前（八月二十三日）に、ドイツはソ連と不可侵条約を結んでいた。ヒトラーとスターリンの握手である。ところがその二日後には、イギリスとフランスがポーランドと条約を結び、もしポーランドがドイツから攻撃を受けたなら、両国は参戦すると約束していた。ヒトラーはその報に接して不可侵条約が結ばれたその翌々日に、ポーランドに入るはずの日程を遅らせた。このあたりの動きからは、当時のヨーロッパ情勢が、思惑がらみで日々流動的だったということがわかる。

ドイツとイギリス・フランスの連合国軍の関係に、もう一つの因子が加わったのは、ソ連もまたポーランドに攻め入ったことである（九月十七日）。ドイツとソ連が不可侵条約を結んだときに、ソ連もまたポーランドに入ることを秘密協定で約束していたことが明らかになった。これによってヨーロッパ情勢は、まさに「複雑怪奇」の様相を呈することになった。

日本の立場はどのような位置付けがいいのだろうか。いわば敵と味方が曖昧かつ混乱状態になってしまった。そこで日本はどういう状態に置かれたか、を見ていくと、ドイツ、イタリアとはすでに三国防共協定を結んでいて、いわゆる同盟関係である。しかしイギリス、フランスなどとは、ドイツと一体化しているが故に、敵対関係になってしまう。ソ連とは、敵でも味方でもない。こういう煩雑（はんざつ）な関係はこの期の特徴であった。

日本は中国と戦争状態だから、中国を支援しているアメリカ、イギリスとは良好な関係ではない。ドイツが始めた戦争は、この複雑な関係の中でそれぞれの国の国益がいかに微妙に絡みあっているかを浮き彫りにしたとも言えた。

第二次世界大戦の気運が高まる中で、ドイツは日本、イタリアとの防共協定をさらに一歩高めて軍事同盟にしようとの思惑を日本にぶつけてきた。よりはっきりと言うのならば、アメリカを敵とする軍事同盟にすることで、三国の結びつきを強めようというのであった。この提案は、ドイツ駐在の大使である大島浩（ドイツ贔屓の軍人）らがドイツとの同盟を強めようと日本に持ち込んだという意味があった。この提案が国内で論じられたのは、第二次世界大戦が始まって以後、急速に論議に弾みがついた。ドイツの電撃的な軍事作戦がかたちをつくっていくのに幻惑されたとも言いうるのであった。

日本国内は当初、この同盟に対して賛成と反対に見事に二分された。陸軍を中心にした三国同盟締結派は、国際社会の動きに連動するかのように、同盟を声高に主張した。反して海軍の米内光政海相、山本五十六海軍次官、それに海軍省の井上成美軍務局長は、断固反対を譲らなかった。もし三国同盟を結んだならば、アメリカと敵対することになるではないか、なぜドイツ一辺倒なのか、と主張した。しかしドイツへの傾斜はより進み、外務省の若手、中堅の外交官、それに海軍の士官の中にも賛成するものが増えた。まさに「バスに乗り遅れるな」という状況になったのである。

山本は暗殺の危機を感じて、次官室の金庫に遺言（「述志」と題していた）を入れておいたほどであった。結局のところ三国同盟反対派は要職を去り、海軍も賛成することで同盟は締結された。しかし山本らの予測のように、アメリカはこの同盟に強く反発して、それ以降は日本を牽制するようにもなっていく。一九四一年（昭和十六年）四月から始まる日米交渉では、アメリカは中国からの撤兵と三国同盟からの離脱は必ず要求に入れた。ドイツとの協力体制を変更せよというのであった。しかし陸軍を中心とする軍事政策は、そのような要求に真剣に取り組んだとは言えなかった。

日本が三国同盟に傾斜し、アメリカとの対決姿勢を明確にしていく最大の理由は、日中戦争の長期化、つまり当初の一撃で中国を叩き、蔣介石政府の屈服を促すという軍事上の計算が全く外れて、中国国内に八十万近くの兵を送り、主要地を制圧したにもかかわらず一向に解決しない点にあった。この解決にはアメリカ、イギリスによる蔣介石政府支援のルートを断ち切らなければならず、敵対関係になることを厭わないというのが、軍事指導者たちの意思でもあった。三国同盟はまさにそのためであった。

日中戦争を戦争とは呼ばず、「支那事変」などと称して小手先を弄(ろう)する態度を貫いているのは、戦争という軍事行為になると多くの国際法上の制約を受けることになるため、これを嫌ってのことであった。さらに戦争と呼称することで、天皇をはじめ政治指導者の干渉を受けることを嫌ったとも言えた。全ての事象に対して、軍事的配慮のみで戦争政策を続けていくのが、この国の基本的体質でもあった。そこに問題の本質も抱え込んでいたのである。

日中戦争が単に日本と中国の戦争ではなく、二十世紀前半の人類史の歴史に含まれるに至ったのは、第二次世界大戦のアジア版という領域を超えて第二次世界大戦そのものを代弁しているからであった。例えば、日中戦争に対し中国支援で足並みを揃えていたアメリカやイギリスは、日本のファシズム体制を打破するために中国の土台を支えることに、一切のためらいはなかった。むろんそれは中国の知識人、財界人、革命家らがアメリカとの間で、長い時間をかけて良好な関係をつくり上げていたこともある。

当初は中華民国を積極的に支援していたのは、むしろドイツであった。日中戦争の初期には、ドイツと中華民国の間のほうが結びつきが深かった。ドイツは中華民国からタングステンなど兵器になる原材料を大量に輸入していた。そのお返しに、ドイツは軍備の一部を低い価格で売っていた。それだけではない。軍事教育でも軍顧問を送り、ヨーロッパの国の中では極めて友好的な国家であった。実際に私の取材で、蔣介石の次男である蔣緯国は、「この頃私はドイツで軍事学を学ぶべく留学していたが、ドイツの軍人は我々に極めて友情あふれる態度であった。しかし日本、イタリアとの三国同盟の話が進んでいくと、日本から我々を支援するのはやめてほしい、と強力に言われたとのこと。そこで私は出国することになり、アメリカで軍事学を学んだ」と述懐していた。

　こういう構図を理解すると、盧溝橋事件以来の戦闘拡大を憂いて、ドイツの駐華大使トラウトマンが講和工作に奔走したのもよくわかる。結局は失敗するのだが、この工作に対する関心の高さは改めて私たちも知っておくべき史実であろう。

　第二次世界大戦は、一面でドイツによる第一次世界大戦の失地回復、失った権益の再確保といった理由のほかに、新たにヒトラーによるユダヤ人の抹殺、いわばジェノサイドなどを含めて、第三帝国の創出などいくつかの特徴を持つ。二十世紀の汚点ともいうべき政策がいくつも含まれていて、人類が後ろ向きの文明を掲げた戦争でもあった。そしてアジアの日中戦争がその戦争の一角を占めることにより、ヨーロッパの帝国主義を一周遅れで実験するというかたちを取ることになった。この実験は帝国主義が有効性を失っていることを確認するとの意味も含んでいたのである。

日中戦争が世界的な構図に組み込まれることにより、浮かんできた基本的な視点を私たちが検証することを促されていると考えるべきであろう。そのような折に参考になるのが、第一次世界大戦と第二次世界大戦が連結しているとの認識ではないか。その中で日本は第一次世界大戦では、イギリス、フランスなどの連合国の一員として戦い、ドイツ、オーストリアなどの同盟国と対峙した。ドイツが中国などに持つ権益の奪取に成功している。ところが第二次世界大戦では、ドイツ、イタリアとともに枢軸体制をつくり、アメリカ、イギリスなどの連合国と敵対した。いわばねじれていたのである。

この〝ねじれ〟をどう捉えるか、特に「戦間期」（第一次世界大戦の終わりから第二次世界大戦の始まりまでの二十一年間）にどのようなことがあったのか、そこが重要になる。三国同盟はそのねじれの総仕上げであったというのが、私の基本的な歴史観でもある。

さらに付け加えれば、第一次世界大戦に参戦した日本は、日英同盟の誼での参戦になるのだが、この参戦の功罪を歴史的な伏線として再検証してみることが必要になるようにも思える。実際に日本は、三国同盟でドイツの戦争を自分たちの戦争の行く末と一体化させたわけだが、その背景を探ると日本陸軍の親ドイツの体質がよくわかる。その拠って来る原因に、明治の建軍時のドイツ陸軍の模倣、そして敵にはなったが、第一次世界大戦時のドイツの軍事力に強く惹かれていたことがわかってくる。

それゆえの歴史的見直しが必要だということになるのである。

第六章

日米交渉の失敗

1941　野村・ハル会談――真珠湾攻撃

三国軍事同盟を締結した翌年の一九四一年（昭和十六年）四月、日米両政府の間で、対立を打開するための日米交渉が始まりました。

交渉を担当したのは、駐米日本大使の野村吉三郎と国務長官のコーデル・ハル[*1]でした。

日米交渉は、十一月二十六日まで続き、戦争を回避する、あるいは開戦を遅らせる可能性が最後まで模索されました。

日本とアメリカのそれぞれの思惑

加藤　日米交渉をめぐる、日本とアメリカのそれぞれの思惑について考えたいと思います。アメリカ側としては、当時まだイギリスに援助を与えているだけの段階でしたが、ふとしたことでドイツ・イタリア・日本が「アメリカが攻撃をした」と解釈するような武力衝突が、大西洋上に起きることは当然予想したと思います。
一方で、西部太平洋のフィリピンなどに航空部隊を準備して、日本の南下に備えるためには時間が要る。だから、とにかく時間を稼ぎたいという考えも当然あったでしょう。つまり、ふとした武力衝突から三国同盟が発動され、日本を敵にしてしまっては困るという、アメリカの切実な要望はあったと思います。

保阪　日本側としては、日米交渉によってとにかく中国の蔣介石を援助する物資の流れ、いわゆる援蔣ルート[*2]を断ち切りたい。それによって蔣介石を孤立させて、戦争に決着をつけたいという思いがあったと思います。それと、基本的には太平洋に波風を起こさない、太平洋の勢力圏については、差し当たりは現状を維持して、太平洋をどのように分割するかといった動きは見せないという了解もあったでしょう。

アメリカ側は、この日米交渉を通じて、日本が三国同盟を離脱することや、あるいは中国からの撤兵といった要求をしてきますが、そういう要求自体を見ていくと、一九四一年（昭和十六年）十二月、日本が真珠湾を叩く前の段階で、アメリカが本当は日本に何を求めていたのかということが、この交渉のプロセスで出てくると思うのです。

半藤　陸軍はアメリカに、少なくとも中国に対する肩入れを何とかやめてほしいと考えていました。それによって、日中戦争を早く終結させたいというのが、陸軍の思惑だったと思います。海軍の場合は、もう三国同盟を結んでしまった以上、アメリカといずれ対決することになると、ある程度は決意していたと思います。ただ、戦争準備が十分整うまでは、できるだけ開戦を延ばしてほしい。そして、できることなら戦争そのものもしないでほしいと、海軍は願っていたと思います。だから、日米交渉には大いに期待していたはずです。

日米交渉の最中の一九四一年（昭和十六年）七月、日本軍はフランス領インドシナ、現在のベトナムやカンボジアの南部に進駐しました。

南部仏印への進駐は、植民地として統治するフランス政府の承認を得た上で行われましたが、アメリカの激しい反発を招きます。

アメリカは、在米の日本資産を凍結し、日本への石油輸出禁止に踏み切りました。石油の大部分をアメリカから輸入していた日本にとって、大きな打撃となりました。

日米関係は、かつてない危機を迎えます。

無謀な南部仏印進駐

加藤　なぜ、あえて南部仏印に進駐したのか。これはやはりイギリスとアメリカのアジアにおける根拠地であるシンガポール、香港、フィリピンに睨(にら)みをきかせるような軍港と飛行場の制圧にかかったのだろうと思います。

当時の日本政府の考え方では、これはフランス政府、フランスの植民地当局と合意ができているのだから、なんら侵略ではないという判断をしていたでしょう。しかし、アメリカとしては、ただならぬ数の日本の軍人が南下しているのだから、次なる戦争への準備だと捉えたのだと思いますが、いかがでしょうか。

半藤　当時の陸軍の参謀本部にいた何人かに話を聞くと、私たちは反対だったが、海軍に引っ張られたという人が少なくありません。南部仏印に出なければ、もし戦争が起こったときに備蓄している石油だけでは間に合わないから、どうしても出たほうがいいと海軍が言うので、それに引っ張られてしまったと、愚痴(ぐち)をこぼすように言う人が多かったです。

要するに、日本が南に出て行かなければ、いざというときに間に合わない。シンガポールを攻撃するためには、飛行機の制空権の問題があるから、仏印まで出て行かないと制空権が取れない。制空権が取れないとすると、そこへ敵前上陸するのは無理だから、南部仏印を押さえなければいけない――。これは戦略的にはやむを得ないところです。

ただそうすると、シンガポールはイギリス領ですから、イギリスと戦争になるのは当然ですが、アメリカも出てくるではないか。アメリカも出てくるとなれば、ことによるとアメリカは日本への石油禁輸という強硬政策で出てくるかもしれない――そういう議論もあったわけです。

加藤 なるほど。

半藤 そこで御前会議を行い、その前には陸海軍も会議を開き、何度もこの議論をしています。南部仏印に出て行かなければ間に合わない。出て行けば戦争になる。戦争になると間に合わないから先に出て行ったほうがいい――と。それなのに、変な話ですけれども、アメリカは出てこないと思うという意見が通ってしまうんです。

加藤 あくまでも、出てこないと「思う」と。

保阪 一九四一年(昭和十六年)六月の独ソ戦[*3]のあと、日本はどういう戦略を立てるかが議論されます。そのとき、ドイツと一緒にソ連を挟み撃ちするという意見と、この際、南のほうに出て行って、石油資源を確保すべきだという意見がぶつかり合って、その妥協点として「関東軍特種演習[*4]」が行われ、一方で南部仏印には大量の兵を動かして入ってい

1941年8月1日、カンボジアに進駐した日本軍の閲兵式(提供:朝日新聞社)

く。この中途半端な政策に、日本の曖昧さが出ているると思います。

日本が南部仏印に出れば、アメリカが出てくるかどうか。この点は大本営政府連絡会議[*5]とか各種の会議でも話題になりますが、アメリカは本気で南部仏印に出ていったら、日本が戦争覚悟で日本に対して禁輸措置をとらなければならないから、そこまではしないだろうという意見が上回る。それで、南部仏印に出ていくんですね。

そのプロセスを見ると、なんと甘いんだろうと。そして、なんと願望を客観的事実にすりかえようと必死なんだろうと、感じざるを得ません。もっと具体的に、アメリカの戦略、アメリカの怒り、南部仏印に対してアメリカがどういう思いを抱いているかということを検証する必要がある。しかし、それをやっていないように思います。

南部仏印進駐の国策を決めるのに、「国策要綱」の字句はかなりいじっています。いろいろな字句をひねり出しながら、結局、「対英米戦を辞せず」といったかたちの字句が初めて入りますね。

そういうプロセスを見ると、戦略がないまま、その場その場の選択が狭（せば）まっていくのがわかります。そして、その決定にいたる理由というのは、ほとんどが主観的願望であって、それを客観的事実にすりかえようとするのですが、実際には、むしろ事実と結果は逆に出てくるわけです。

危機を打開するために、日米交渉では首脳会談の提案までされましたが、実現しませんでした。

一九四一年（昭和十六年）十一月二十六日、ハル国務長官から野村吉三郎駐米大使にアメリカ側の要求を記した「ハル・ノート」[*6]が提示されました。

そこには、中国やフランス領インドシナからの軍隊の全面撤退、三国軍事同盟の否認など、日本にとって同意のし難い条件があげられていました。
日本政府は、事実上の最後通牒と受けとめ、十二月一日の御前会議で、日米交渉の打ち切りと、アメリカ・イギリスとの開戦を決定しました。

なぜ戦争を避けられなかったのか

加藤　では「なぜ日米戦争を避けられなかったのか」について。私は、これはアメリカにとっても抑止の失敗だったと考えています。というのは、アメリカの国務長官周辺の人物は、日本がアメリカに開戦をしかけてくるとは想定していませんでした。絶望から戦争を始める国はない。石油の禁輸などで日本は戦略物資を失うわけだから、とても開戦を決断はできない。国務長官特別顧問のホーンベック[*7]など、対日政策の立案に関与していた人は、一〇〇パーセントとは言えなくても、八五パーセントぐらいは日本が屈服すると思っていたようです。ですから、ハル・ノートというのは非常に厳しい要求の部分だけを渡した――これが失敗の要因の一つだと思います。

保阪　アメリカがこういう強い態度で出てきた背後には、やはり日米交渉の妥結を望まないという意図があったと思います。日本を開戦に追い込む。そして、それを理由としてヨーロッパ戦線に参加する。開戦を嫌うアメリカ世論を動かすためには、そういう計算が必要だということは、ルーズベルト[*8]大統領もハルも、すでにこのころには理解していたと思います。

アメリカの目的は、日本にアメリカを一発叩かせることだった。したがって、最終的にハル・ノートを突き付けることで、開戦に踏み切るか、あるいは基本的な政策転換をしてハル・ノートを受け入れるか、そのどちらかを選べと日本に迫り、日本は躊躇（ちゅうちょ）なく戦いを選んだ。ハル・ノートでアメリカが突き付けた条件は、たとえば中国からの撤兵や南部仏印からの撤兵というのは、日本にとってはとても飲めるものではなかったわけです。

そうして、十一月二十六日以後の大本営政府連絡会議、御前会議などの国策決定会議は、もう戦争は動かしがたいという前提で動いていきます。会議関連の資料を全部読むと、言葉は乱暴ですが、ハル・ノートという、大きなアメリカがつくってきた土俵、罠（わな）と言ってもいいですが、歴史的なある種の戦略に、日本は見事なほど嵌（はま）り、その枠でしかものを考えられず、戦争を選択していったというふうに私は思いますね。

一方のアメリカは、合法的に第二次世界大戦に参戦できるようになったわけですから、基本的には政治的な戦略、政策が成功したと言えます。それを保障したかたちになったのが三国同盟であるならば、そこに至ってしまった日本の政治・外交の拙さが浮き彫りになったという感じがします。

半藤　一九四一年（昭和十六年）の開戦当時、私は小学五年生でしたが、一九三九年の終わりぐらいから、日本人がどれほどアメリカという国の圧力のもとに憂鬱な日を送っていたか、記憶しています。アメリカが中国を援助しているから日中戦争が終わらないうえに、アメリカが我が日本のアジアに対する好意的な動きを全部封鎖している――というように、アメリカが重しのように日本を押さえつけている空気が、世の中を覆っていたんですね。

私の父親などは逆に、「日本が間違ったことをやっているからアメリカが押さえてくるんだ」と言っていましたが。小学生の私の頭の中には、この重苦しい空気を何とか払いのけたいという思いが、ずいぶん膨らんでいたと思います。

メディアが煽った部分も大きいですが、アメリカに対する反発や怒りのような感情は、当時かなり強かった。当然、日本の軍部ものすごく強かったと思いますね。だから、無謀な戦争の選択をどう見るかは難しいところですが、この時点では、もうほかに選択はなかったんだと思います。

ハル・ノートは本当に最後通牒だったのか

加藤　ここで少し見方を変えてみたいと思います。当時、もちろんアメリカは日本の暗号電文を解読していましたが、日本側もアメリカ側の暗号をかなり解読していたことが、最近の研究で明らかになっています。ということは、アメリカが太平洋戦域で時間を稼ぎたがっている、まだ準備ができていないので日本と真剣な話をしたいというアメリカの事情は、日本側もわかっていたんですね。

アメリカ自身は、一九四一年（昭和十六年）八月に、イギリスとともに「大西洋憲章[*9]」という声明を発表します。これは第二次世界大戦後の両国の目標を掲げたもので、空虚な口約束ではありません。ここでは、日本が太平洋やユーラシア大陸の門戸を閉鎖することを目指しているならば、それは打倒しなければならないと位置づけていますが、一方で、日本が一九二〇～三〇年代半ばまでの貿易立国の状態に戻ってくればいいという、一つのテーゼを出してもいます。

ですから、日本が中国に対してどこまで妥協できるかというところが、やはり私は日米交渉の最終的な鍵になったと思います。一九三一年（昭和六年）の満州事変から十年間にわたり、日本は中国に関連してアメリカからクレームを付けられています。この問題を解決せよ、あるいはアメリカの権益を日本が毀損（きそん）していることをグルー[10]駐日アメリカ大使などは考えている。クレームの件数は三百を超えています。

つまり、一九四一年の日米交渉とは、こうしたクレームに対して、日本がどう対応するかということを、アメリカが問うていた交渉とも言えます。日本は、日中間で新たな取り決めをして、撤兵条件を考えるという余地があったのではないか。アメリカに対してもそういう回答をして合意に達する可能性は絶無ではなかったと思うのです。

保阪　ハル・ノートは、加藤さんがおっしゃるように、やっぱり中国との絡みで見なければいけないと思いますね。

もう一点、私が興味を持っているのは有田八郎[11]についてです。彼は一九三六〜四〇年に外務大臣を務めていますが、どちらかと言えば、軍の意向に対してそんなに率直に従った人ではありません。その有田が開戦と同時にハル・ノートを見て、これで戦争を始めるのはおかしいと語っているのです。この案は、もう一度交渉を始めるための、基本的な土台になる条件案である。だから、ここから交渉をまだやれると言って、天皇に宛てて上奏文書を書いたらしい。それが天皇に届いたかどうかはちょっとわからないのですが……。

半藤　届いたとは言えないんですね。

保阪　ええ。しかし、有田八郎がそういう指摘をしているというのは重要です。一九四一年十一月二十六日のハル・ノートを見た、政策決定にかかわる人たちの頭には、おそらくもう戦争しかなかった。開戦のための準備は進んでいるわけだから、ハル・ノートの項目を具体的に検討することもなく、一瀉千里（いっしゃせんり）、開戦に走ってしまった。しかし今一度、冷静に見れば、有田八郎の言うような意見があって当然だったと思うし、それがもう一回、交渉のさらなる継続へとつながる可能性があったのではないかと思います。

半藤　端的に言えば、ハル・ノートの要求を飲んで中国や南部仏印から撤兵すればよかったんです。ただし、撤兵というのは非常に手間がかかって難しいですから、のろのろやればよかった。すると、のろのろやっているうちにひと月もふた月も経って、やがてドイツが負けるのが見えてきた。そうなると、日本がアメリカと戦争をする必要はもうない――。いや、その手は確かにあったんですよ。そういう主張をした人もいたみたいです。

末期症状だった日本の政策決定機構

加藤　日本とアメリカとのGDP比が十倍だとか、石油の備蓄量が七百倍だとか、そういう資源の戦争ということを重々わかったうえで戦争を振り返りますと、やはりこの日米交渉を妥結すべきだったということがわかってきます。しかし、この無謀とわかったうえでの戦争が実際に選ばれたということについて、私たちはどのように理解したらいいでしょうか。

保阪　どうして、こういう戦争に突入してしまったのか。もちろん、最終的には御前会議で決定したというかたちにはなるのですが、そこへ行きつくまでの腹案ないしは論じられるべき案というのは、大本営政府連絡会議で練られるわけです。

　大本営政府連絡会議の構成メンバーを見ると、政治の側から東条内閣の閣僚である外務大臣、大蔵大臣、陸軍大臣、海軍大臣、企画院総裁が出席しています。東条英機は首相と陸相の二役です。統帥部のほうでは、参謀総長の杉山元[*12]、参謀次長の田辺盛武(もりたけ)[*13]、軍令部総長の永野修身(おさみ)[*14]、軍令部次長の伊藤整一[*15]といった人たちが出席します。そして、このメンバーが最終的に戦争を決定しますが、外相の東郷茂徳(しげのり)[*16]と蔵相の賀屋興宣(かやおきのり)[*17]を除くみんなが軍官僚なんですね。

加藤　そうですね。

保阪　この軍官僚の人たちの政治的な判断、政治的な資質というものは、やはり軍学校の教育によって培（つちか）われたものであるはずです。しかし、彼らが軍人として成長していく過程を見ていくと、ほとんど政治については学んでいません。だから、戦争というのはひとたび始めたら勝つまでやるというような、軍事主導の考え方しかない。こうした軍事主導の考え方は無謀なものだったと言わざるを得ません。

個人的に言えば、私は、実はこの戦争を全部否定しているわけではありません。たとえば開戦詔書[*18]の下書きには、我々の国は力は弱いけれども、十六世紀以来の西欧列強の植民地政策に対して、何らかのかたちで異議申し立てをしたいという、人類史に残るような一文が入っていて、その点は納得できます。その下書きを書いたのは、陸軍省軍務課の高級課員で石井秋穂（あきほ）[*19]さんという方ですが、私はわりと親しかったので、どうしてそれを実際の詔書には書かなかったのですかと聞いたら、「日本には他国の独立を助けるなんて、そんな余裕はないよ」と。でも、それが開戦の目的として入れてあったならば、私たち次の世代も納得できる部分があったのではないですかと言ったら、「そう言われればそうだな」と、そんな話をしたことがあります。

この開戦詔書の内容が象徴的ですが、私たちの国が日米開戦へ行きつくまでの政策の基本的なプログラムには、大局的な歴史観が残念ながら欠落していました。それは、軍事主導の政策決定がもたらした、最大の欠点だと思います。私はそれを非常に残念に思うし、それを教訓として学ばなくてはいけないというのが、率直な気持ちですね。

加藤　戦争というものが政治主導で行われるべき総力戦、殲滅戦争の時代になっているときに、日本は政治を排除したかたちでの政策決定をやってきたわけですね。無謀とわかったうえでの戦争という選択がなされた。軍人たちが「無謀とわかったうえで」という点について理解していたかどうかは少し保留したいと思いますが、少なくとも、彼らは言葉を先送りしました。両論併記というかたちで、国策に関わる文章を一生懸命つくるのです。

　たとえば日中戦争中、帝国の存立上、必ず武力行使を行う場合だということを前提にしても、陸軍も海軍も、内部では意見が千々に乱れ、最終的に二つぐらいの派に分かれていましたが、会議の席上ではその人たちの顔色だけをうかがって、政策決定の条件設定がなされたわけです。

　ですから、日々刻々の世界の戦争の状況を考慮していたわけではない。アメリカの法律の運用状況、たとえば武器貸与法[*20]ですとか中立法をどのように運用しているかを見極めて、臨機応変に判断をしていたのでもありません。すべては国内政治の会議での主体間で決定されるので、本来、検討されるべき選択肢というものが、開かれた条件、環境の中で見せてもらえていないわけです。政策決定に至る判断材料が不備な状況で、国策決定がなされる。そういう、かなり末期的な状況で、日本は対米戦争に踏み切ってしまったと見るのが、正しい評価だと私は思います。

「大本営陸海軍部、発表。十二月八日六時。帝国陸海軍は、本八日未明、西太平洋において、米英軍と戦闘状態に入れり」

一九四一年（昭和十六年）十二月八日、日本はマレー半島のイギリス軍根拠地と、ハワイのアメリカ軍基地への攻撃に踏み切り、アメリカをはじめとする連合国との戦争に突入しました。

日中戦争に加えて始まった太平洋戦争は、三年八カ月にわたって戦われ、アジアの人びとを巻きこんで未曾有（みぞう）の惨禍をもたらしました。

1941年12月7日（日本時間8日）、日本海軍航空隊の真珠湾攻撃で炎上する米戦艦ウェストバージニア。手前は水兵の救助に向かう船艇（提供：ロイター＝共同）

＊1　**コーデル・ハル**（一八七一〜一九五五）　アメリカの政治家。フランクリン・ルーズベルト大統領のもとで国務長官を務めた。のちに国際連合の創設に尽力し、ノーベル平和賞を受賞している。

＊2　**援蔣ルート**　日中戦争時、アメリカ、イギリス、ソ連などが中国の蔣介石政権を軍事援助するため、物資の輸送などに利用したルート。軍事的に劣勢であった中華民国は、この軍事的な援助によって抗日戦を維持したとされている。

＊3　**独ソ戦**　ナチス・ドイツを中心とする枢軸国とソ連とが、一九四一年から四五年にかけて戦った戦争。民間人を含めると、ソ連は二〜三千万人が死亡し、ドイツも六百〜一千万人が死亡したとされている。ドイツの無条件降伏によって終結した。

＊4　**関東軍特種演習**　通称「関特演」。独ソ開戦を受けて日本軍が行った、対ソ戦準備のための大動員。陸軍創設以来最大の軍事動員だったが、最終的に対ソ戦は実行されなかった。演習とされたが、実際には対ソ戦の作戦準備行動であり、日ソ中立条約の侵犯とも言われている。

＊5　**大本営政府連絡会議**　大本営と政府間の協議を行う会議。一九三七年十一月に設置された。首相が務める議長の権限が弱く、陸海軍の対立の場となって戦争指導に支障をきたしたとされる。

＊6　**ハル・ノート**　一九四一年十一月二十六日、日米交渉中のアメリアから日本に提示された交渉文書。日本側では、これをアメリカによる事実上の最後通牒、宣戦布告ととらえる関係者が多かった。

＊7　**ホーンベック**（一八八三〜一九六六）　スタンリー・クール・ホーンベック。アメリカの外交官で、極東政策立案の責任者となった。ハル・ノートを受けて、日本は開戦を決断せず引き下がると想定していたとされている。

＊8　**ルーズベルト**（一八八二〜一九四五）　フランクリン・ルーズベルト。アメリカ第三十二代大統領。ニューディール政策と第二次世界大戦参戦を決定したことで知られる。大統領在任中、終戦を待たずして脳卒中で死亡した。

＊9　**大西洋憲章**　アメリカ大統領ルーズベルトとイギリス首相ウィンストン・チャーチルが、一九四一年八月に大西洋上での会談で合意した八カ条の憲章。その内容は、おもに「領土の不拡大・不変更」「民族自決」「自由な貿易」「国際的な経済協力」「平和の確立」「航海の自由」などをうたっている。

＊10　**グルー**（一八八〇〜一九六五）　ジョセフ・グルー。日米開戦時の駐日アメリカ大使で、日米開戦の回避に努めた。開戦後日本国内に抑留され、日本の外交官との交換により帰国し、国務次官として終戦交渉や、戦後の占領政策にも関与した。

＊11　**有田八郎**（一八八四〜一九六五）　外交官出身の政治家。中国大使や外務大臣を歴任し、日独伊三国軍事同盟の締結には反対の立場だった。戦後は公職追放を経て革新陣営に属した。有田をモデルにしたと思われる三島由紀夫の小説『宴のあと』をめぐり、日本初のプライバシー侵害裁判を起こした。

＊12　**杉山元**（一八八〇〜一九四五）　元帥陸軍大将。盧溝橋事件時に陸相、太平洋戦争開戦時に参

謀総長を務め、終戦時に拳銃自殺した。

*13 **田辺盛武**（一八八九～一九四九）陸軍中将。日米開戦時の参謀次長。インドネシアのスマトラ島で終戦を迎え、戦犯として逮捕。死刑判決を受けて現地にて処刑された。

*14 **永野修身**（一八八〇～一九四七）元帥海軍大将。海軍でただ一人、三顕職と呼ばれる連合艦隊司令長官、海軍大臣、軍令部総長のすべてを経験した。戦後はA級戦犯容疑で逮捕され、公判中に巣鴨プリズンで病死した。

*15 **伊藤整一**（一八九〇～一九四五）海軍大将。日米開戦時の軍令部次長。のちに第二艦隊司令長官として戦艦「大和」を中心とする海上特攻に参加。「大和」撃沈によって戦死した。

*16 **東郷茂徳**（一八八二～一九五〇）外交官出身の政治家。日米開戦時と終戦時、ともに外務大臣を務めた。戦後はA級戦犯として禁錮二十年の判決を受け、拘留中に病死した。

*17 **賀屋興宣**（一八八九～一九七七）大蔵官僚出身の政治家。日米開戦時の大蔵大臣で、戦時経済政策の中心人物だった。戦後、A級戦犯として終身刑となるが、のちに減刑されて釈放。自民党の右派政治家となった。

*18 **開戦詔書**　米英との開戦（戦闘状態となったこと）を告げる詔書。詔書は天皇の意思を一般に公示する文書。

*19 **石井秋穂**（一九〇〇～一九九六）陸軍大佐。二・二六事件での陸軍軍法会議の裁判官を務め、日米開戦前の日米交渉では戦争回避に努力した。日記や回想録を残したほか、さまざまな書籍、テレビ番組などに協力し、開戦当時の内情を知るうえで貴重な証言を残した。

＊20 **武器貸与法** 一九四一年にアメリカで施行された法律。イギリス、ソ連、フランスなど連合国に対し、航空基地などの提供と引き替えに、軍需物資などを支援することを可能とした。レンドリース法。

歴史の因果を背負った日米開戦

保阪正康

日本とアメリカの関係は一気に壊れたのではなく、言ってみれば徐々にその関係性が薄まっていったのである。その薄まり方の一つは、中国への日本の侵出が露骨になることで段階的に進んだ。もう一つは、日本人移民がアメリカ社会になじめずに、ともすれば自分たちでまとまるために軋轢（あつれき）が起こるのであったが、それが日本人排斥（はいせき）に結びつくと、次第に国と国の関係へと広がった。

昭和十年代になると、その対立は中国への日本の軍事行動に限定されることになった。中国の蔣介石政府は、日本の暴挙を世界に訴えたし、日本に好意を持たない国の中には日本品の排斥に進む国もあった。ドイツに制圧されているフランス、オランダなどがそうであった。ドイツ憎しの感情は日本にも向けられたのである。表面的にはヒトラー政権の傀儡と化しているヨーロッパの国々は、日本の仏印・蘭印進駐を受け入れたにせよ、それはいつか反撃するための一里塚のようなものであった。

　一九四一年（昭和十六年）四月以降の日米交渉は、近代日本がその存立をかけた歴史的な意味を持っていた。中国との戦争に限界を設けて休戦、ないし停戦するというのは、日本の国力を冷静に見ればどのような指導者とてその道を歩まなければならなかった。そのことは省部に身を置く将校ならば誰もが望む道筋であった。そしてこの交渉は全く意外なかたちで始まった。一九四〇年（昭和十五）の暮れ、ウォルシュ司教とドラウト神父が日本をおとずれた。日本とアメリカの外交交渉の基礎的な案を持っているとの触れ込みで、日本の朝野を歩いた。そのルートに関わってきたのが、元大蔵省の井川忠雄と陸軍の軍事課長の岩畔豪雄である。二人に司教たちは日米諒解案なるものを示した。

　要は満州国の承認、中国からの段階的撤退など、日本に甘い諒解案であり、交渉はしてみようとの内容であった。この案を見た陸軍省の軍務課長である武藤章は、なぜ今頃に甘い言葉を盛った案を示すのであろうか、と首を捻ったほどである。結局この諒解案を元に日米交渉は始まるのだが、実際にはこの案はアメリカの国務省が諒解していたわけではなく、一応日本側の意向はこの点にあるのだろうという程度の見方をしていると言ってもよかった。

交渉は、アメリカの日本大使館の野村吉三郎大使とアメリカ国務省の長官コーデル・ハルとの間で始まった。双方の交渉で対立点は明確になった。日本はアメリカに、満州国の承認、石油の輸出、中国への支援停止を求めるなど、日中戦争への関与を停止するように迫るかたちになった。逆にアメリカの要求は、中国からの撤兵、三国同盟からの離脱などで全く妥協のない交渉が続くことになった。

この交渉はそれぞれに計算があった。日本はアメリカとの交渉で、石油の輸入がどういうかたちで確保できるのか、それを見極めつつこの年の日本の外交の舵取りができたはずであった。一方でアメリカは、次第にヨーロッパでのドイツとの戦争で苦戦しているイギリスの支援のために、参戦の機会を窺っていた。いわば連合国と同じ戦列に入って戦いたかったのである。

しかしアメリカ世論は、参戦に反対であった。ルーズベルト大統領は、戦争に不介入、いわゆるモンロー主義の世論を代表するかたちで当選している。参戦するには、日本に一発叩かせてアメリカ世論を怒らせ、そしてヨーロッパ戦線に加わりたいというのが本音であった。その点では三国同盟はアメリカには好都合であった。日本と戦端をひらけばそのままドイツと交戦状態になる。さらに、ワシントンの日本大使館と東京の外務省の電信のやりとりで使われる暗号電報を全て解読していた。日本の手の内を読んでの交渉なので、まさに手玉に取るような交渉でもあったのだ。日本はすでに交渉自体が「敗戦」という状態でもあった。

この交渉が最初に躓(つまず)いたのは、一九四一年(昭和十六年)六月二十二日である。ドイツがそれまで不可侵条約を結んでいたソ連の領土に侵出を始めたのである。まさに不意打ちであった。スターリンはこの条約が一方的に破られたことをしばらくは信じることができずに、心理的な衝撃を受けた状態で、一週間は執務ができなかったという。実際にドイツ軍は短期間にソ連の領土深くに入りこんだ。ソ連軍が抵抗もせずに捕虜になるものが多かったのは、粛清(しゅくせい)などで国民の間に抗戦意欲が強く湧かなかったというのは事実であっただろう。

さて独ソ戦の開始は、日本にとっていかなる変化を要求したのだろうか。

独ソ戦の報は、日本社会に混乱と困惑を生んだ。しかし軍人たちはこれを機に、日本は南部仏印に出兵して石油の確保を目指すべきだと考えた。いわば南進論の浮上である。もともと陸軍は対ソ戦を目標にしているだけに南進論は強い力を持っていたわけではない。それが石油がなくなるという不安が、この論の支えになった。南進論に対して北進論もまた声高に叫ばれた。ドイツとともにソ連を挟撃しようというのであった。

南進論も北進論も、ドイツの力を利用しようという点では、共通点があった。南進論は、日本が南方の資源のある地域に出て行っても、アメリカとは戦争にならないだろうとの認識であった。ドイツと日本を相手に戦争はすまいとの判断である。アメリカの出方を自分たちの都合の良い見方で分析してのことであった。御前会議では、対英米戦争を辞せずの覚悟や決意を示せばアメリカは戦争を選択しないとの判断のもとで、南部仏印への進駐を決めた。同時にソ連を牽制するために、いかにも極東からソ連を攻撃するかに見せて、関東軍特種演習（関特演）を行うことにした。多数の兵員と軍馬を満州国に送ったのである。この両面作戦は日本なりの手の込んだ作戦ではあったが、ソ連はコミンテルンのスパイとして日本国内で活動していたゾルゲから、関特演はソ連に脅威を与えるためのトリックだということを知らされていた。そのために極東にソ連軍の増派を行ってはいない。

日本は、ヒトラーの制圧下にあるフランスのビシー政権と話をつけるかたちで南部仏印に進駐した。石油のアメリカ依存を断ち切るのが目標でもあった。ルーズベルト大統領はすぐに反発して、アメリカ国内の日本資産の凍結、石油の対日輸出の制限など日本側の予想を遥かに超える対抗措置をとってきた。ニューヨーク・タイムズの報道では、アメリカが完全に対日禁輸措置をとれば自国の産業、軍事に計り知れないほどの深刻な影響が出ることを日本側に教えて、これ以上の強行策を取るなと忠告する意味があったと報じている。日本は東南アジアへの軍事政策が冒険主義であり、実際に戦争に直結していることを自覚しなければならなかったのだ。

ワシントンでの日米交渉はこうした南部仏印への進駐以後は、極めて悪化の色合いを浴びることになった。日米交渉では、近衛首相からルーズベルトとの首脳会談も提示された。これが第二段階だと言えようか。一時はルーズベルトも乗り気になり、ハワイにしようか、アラスカがいいだろうか、と前向きの姿勢も見せた。しかし日米交渉は、重要な対立点は一向に解決の方向が見出せず、首脳会談もごく自然に立ち消えになった。第二段階は歴史的には幻で終わったのである。この種の挫折は、日本側に打撃を与えた。交渉の妥結はほとんどあり得ない状況になったからである。

日本国内では「対米戦争は避けられない、石油の備蓄は限られている」との声が海軍の軍令部を中心に高まり、「交渉反対、即時開戦」という主張さえ露骨になってきた。九月六日の御前会議は、十月上旬を目処に交渉に曙光が見えなければ開戦という案が通るほどになった。天皇や近衛首相などはこうした先鋭的な決定にとまどっている。軍事指導者は、もう大体が開戦やむを得なし、と言って文官に圧力をかけている。十月中旬になって近衛首相と陸相の東条英機の間には、開戦か外交かの論議が繰り返され、近衛は陸軍の指導者に、「それほど戦争が好きなら、そういう連中でやればいい」とまで言いだした。東条は東条で、「人間、一度は清水の舞台から飛び降りることも必要だ」と応酬している。結局近衛は辞職してこの厄介な政務から逃げ出してしまった。

天皇と内大臣の木戸幸一は、次期首班に東条を選んだ。強硬派の東条を首相に据えることで、逆にこれまでの戦争への道筋を変えさせ、それで軍内を抑えようとしたのである。この考えは国内的には通用しても国際的には強硬派の陸軍大臣が首相になったのだから、これは日本自体が戦争を覚悟したと受け止められた。アメリカは全軍に警戒態勢を取るように命令している。東条もまた強硬な演説をして、いたずらに国際世論を刺激していた。

この十月中旬から、十二月八日の真珠湾攻撃までの五十日の間、たしかに東条内閣は国策を外交交渉に変えようと努力は続けた。しかし自身がこれまで蒔いた種はすでに大きくなっていた。しかも軍内の強硬派はますます勢いを持ち、東条は裏切り者呼ばわりをされ、暗殺の危険性まで懸念されることになったほどであった。アメリカ側は日本を適当に「あやしながら」、軍事行動への道に誘いをかけてきた。日本はその誘いに乗るかたちで、戦争にと入っていった。

ワシントンでの日米交渉は、結局アメリカ側が十一月二十六日にハル・ノートを日本側に突き付けるかたちで収束した。アメリカは日本が枢軸側から離脱して、さらに中国からの撤兵も約束することで、新たな良好な関係が築かれると考えていた。しかし日本は中国で持っている多くの権益を失うことはできない、ドイツとの同盟からの離脱などあり得ないとの国策を捨てるわけにはいかない、という点での対立は解けなかった。アメリカにとって、ドイツを相手に苦戦を強いられている連合国をこれ以上放置しておくことはできなかった。日本をあやしている時間はないというのが本音でもあったのだ。日米交渉はその意味では、時間稼ぎのゲームのようなものでもあった。

日本は近代史のもとで自らがつくり上げてきた自画像そのものをかけて、この戦争に入っていった。アメリカは二十世紀の殉教的国家のプライドをかけて、日本の挑戦を受け止めたとも言えた。思えば不思議な両国の戦争であり、歴史の因果を背負った戦いでもあったのかもしれなかった。

戦争までの歩みから、私たちが学ぶべき教訓

戦争は暗い顔で近づいてはこない

加藤陽子

私自身は、こう考えています。「戦争というのは、暗い顔とか、わかり切った顔で近づいてくるのではない」と。

一九三〇年代、世界不況の時代の中で、日本は極東の軍事危機に対して、どう対応するかということを迫られていきます。もちろん、ソビエトも中国もイギリスもアメリカも考えなければいけない時代でしたが、そのようなときに、戦争というものの特徴が変わっていったのです。

国際連盟において、日本にとってほとんどの加盟国は、本来は敵国ではありませんでした。それが、中国というただ一国に対して敵対したら、国連加盟国全部が経済制裁を行うという状況になっていた。つまり、日本が外側に抱える環境というものが大きく変わっていったわけです。ですから、その大きく変わるような政治環境、国際秩序に対してどういう知恵を出すかというところが大事だったのだと思います。

一九三〇年代、日本が中国に対して求めていたのは、日本ときちんと経済関係、外交関係を築いてくれという、そうした要求一つだけでした。そこに武力を行使してしまった。

中国側の蔣介石は、日本は山東(さんとう)半島の権益*を返したことがあったから、日中戦争途中で和平交渉に応ずるだろうと言っていました。かつて日本が行ったよい記憶が蔣介石に和平交渉を促していたのです。

そういう国際秩序や環境の変化を見ながら、日本は進んでいく必要がありました。しかし、それをしなかった。これを私は教訓として考えたいと思います。

＊山東半島の権益　第一次世界大戦の結果、日本はドイツが支配していた中国山東半島の膠州湾と青島、山東鉄道を占領し、ドイツが所持していた租借地や山東鉄道を獲得。しかし、一九二二年二月に中華民国との間に山東懸案解決に関する条約を締結し、これらを中華民国に返還した。

命令一つで命を奪った軍事指導者の罪

保阪正康

私は戦争について考えるとき、その戦争の時代に生まれた世代についてよく考えます。たとえば、先の戦争で三百十万人が亡くなったと厚労省は発表していますが、戦病の方も含めて戦後にも数多くの方が亡くなっていますから、全体の数字では五百万ほどの人が亡くなっているのではないかと推測します。しかしともかく厚労省の統計によると、戦闘で死んだ人はそのうちの二百四十万です。二百四十万人のうち、何歳の人がどれだけ亡くなったかという統計はありませんが、さまざまな資料等で分析してみたところ、一九二一年（大正十年）と二二年（大正十一年）生まれの方がもっとも多く亡くなっているように思います。

彼らは一九四一年（昭和十六年）頃、二十歳で徴兵検査を受けています。学徒出陣の四三年（昭和十八年）には大学生だった人も多い。彼らは自分たちが生まれてきた時代が戦争という枠の中にあって、自分がそのための要員であるということを予想もせずに生きてきて、そして結局、戦争で死んでいきました。こうした人たちに対して私は、単に戦争で亡くなった人を追悼、慰霊するというのではなく、もっと考えなければならないことがあると思います。戦争の決断をする政治的、軍事的な上層部には、戦略や戦術面だけでなく、総合的にものを考え、できるだけ戦争を避けるべきだという、当たり前のことを考えてもらわなくてはならない。彼らの判断、命令一つで、その時代に生きた人たちが亡くなるわけですから、政治指導者も軍事指導者も、その重みを考えてもらわなくてはなりません。そして、それを考えることができる指導者を育てなければなりません。

そういう軍事指導者を持てないとするならば、それはその国の不幸としか言いようがない。私が太平洋戦争のときの軍事指導者に対して批判ないし、ある種の怒りを持つのは、彼らにそういった思いを感じないからです。その時代の、ある世代の人間の命を命令一つで奪ってしまうということの重みを、基本的な素養として身につけてほしい。そういう指導者が生まれてほしい。指導者はかくあらねばならないと思います。

日本人よ、しっかりと勉強しよう

半藤一利

昭和の日本人というのは、非常に不勉強だと思います。スターリンとはどういう人間か、ヒトラーとはどういう人間か、ルーズベルトとはどういう人間か、蔣介石とはどういう人間かということを、本当にきちんと勉強してはいなかったと思うのです。

陸軍、あるいは外務省の中には、当時の言葉でいえば「支那通」と呼ばれる人がいまして、「俺に任せれば支那のことはみんなわかる。中国のことはみんなわかる」などと言っていましたが、あのような連中は、ただ本を積んだだけであって、実は何も勉強していなかった。「ソ連通」と呼ばれる人も同じです。要するに不勉強なのです。

不勉強な人たちが指導者になっても、その都度その都度大事なところで冷静になって考え、判断をするということは難しかったと思いますね。相手がわからないのですから。それで、自分たちの勢いに任せたような判断を次から次へとやってきた。その判断の間違いが積み重なって、どうにもならないところまできて、戦争になってしまった。

要するに、その前にいくらでもリターンすることはできた、引き返せる局面はあったと思いますが、彼らは不勉強だからできなかったのです。

今の日本人も同じように不勉強です。もしかしたら、今のほうがもっと不勉強かもしれません。本当のことを言うと、このままの日本で大丈夫かと、もう八十七歳の爺（じじい）は思うわけです。ぜひ、しっかりと勉強してほしい。若い人にはとくに勉強してほしいと思いますね。

関連年表

西暦	和暦	総理大臣	出来事
一九二九	昭和四	田中義一 **浜口雄幸**	10／24 ニューヨークで株価下落が生じ、世界恐慌へと進展する。
一九三〇	昭和五	**浜口**	4／22 浜口内閣、ロンドン海軍軍縮条約に調印する。これにより日本で統帥権干犯問題が生じる。
一九三一	昭和六	浜口 **若槻礼次郎** 犬養 毅	9／18 柳条湖事件が起き、満州事変が始まる。
一九三二	昭和七	**犬養**	1／14 満州事変に対し、国際連盟理事会がリットン調査団を組織。 1／28 上海で日中両軍が軍事衝突する（第一次上海事変）。 3／1 満州国の建国を宣言。 3／5 団琢磨三井合名会社理事長が暗殺される。前月の井上準之助前蔵相暗殺同様の血盟団によるテロ事件。 5／15 首相官邸が海軍軍人に襲われ、犬養首相が殺害される（五・一五事

西暦	和暦	首相	事項
		斎藤 実	件）。 9/15 日満議定書が調印され、日本が満州国を承認する。 10/2 リットン報告書が公開される。 この年、試験移民が行われ、満州への移民が始まる。
一九三三	昭和八	斎藤	1/30 ナチス党首ヒトラーがドイツ首相に就任する。 2/17 関東軍が中国東北部で熱河作戦を開始。 2/20 プロレタリア文学者小林多喜二、警視庁特別高等警察の拷問で殺害される。 2/24 国際連盟、リットン報告書をもとに満州からの日本軍撤退を勧告する案を四十二対一で可決。 3/27 日本、国際連盟脱退を通告する。 5/31 日本と中国に停戦協定（塘沽協定）が結ばれ、満州事変の軍事行動が終了する。 6/10 日本共産党幹部佐野学・鍋山貞親、運動方針の転向を獄中から声明する。
一九三四	昭和九	斎藤 岡田啓介	3/1 満州国執政溥儀が皇帝に即位する。 この年、ソ連最高指導者スターリンが国内で大弾圧を始める（大粛清）。

西暦	和暦	首相	出来事
一九三五	昭和十	**岡田**	8/3 天皇機関説問題を受け、「国体明徴に関する政府声明」(第一次国体明徴声明)を岡田内閣が示す。 8/12 陸軍内部抗争で永田鉄山軍務局長が暗殺される。 10/15 軍部などの運動に対し、政府は再度「国体明徴に関する政府声明」(第二次国体明徴声明)を発し改めて天皇機関説を否認する。 10/3 ムッソリーニ政権のイタリア、エチオピア侵攻を始める。
一九三六	昭和十一	**岡田** **広田弘毅**	2/20 第十九回衆議院選挙が実施され、立憲民政党が第一党となる。 2/26 陸軍の一部将校が首相官邸などを襲撃し、斎藤実内大臣・高橋是清蔵相・渡辺錠太郎陸軍教育総監らを殺害する(二・二六事件)。 5/18 陸・海軍大臣を現役の大将・中将のみとする法令(軍部大臣現役武官制)が復活する。 11/25 日独防共協定が調印される。
一九三七	昭和十二	広田、林銑十郎 **近衛文麿**	7/7 盧溝橋事件が起こり、日中戦争が始まる。 8/24 国民精神総動員実施要綱を近衛内閣が決定する。 9/23 中国で国民党と共産党が協力する国共合作が成立。 12/13 日本軍、国民政府の首都・南京を占領。

年	和暦	首相	出来事
一九三八	昭和十三	**近衛**	1/16 近衛首相、中国の国民政府との交渉打ち切りを声明(第一次近衛声明)する。 4/1 国家総動員法が公布される。 8/16 ナチスの青少年組織ヒトラーユーゲントが来日し、三カ月程滞在する。 11/3 近衛首相、東亜新秩序声明を発表する(第二次近衛声明)。 12/22 近衛首相、対中国和平の三原則を声明する(第三次近衛声明)。
一九三九	昭和十四	近衛 **平沼騏一郎** **阿部信行**	3/19 軍用資源秘密保護法案が成立し、3/25に公布される。 3/31 従業者雇入制限令・賃金統制令が公布される。 5/11 満蒙国境近くで、関東軍とソ連・モンゴル軍が衝突するノモンハン事件が発生。 7/26 アメリカが日米通商航海条約破棄を通告(1940 1/26失効)。 8/23 独ソ不可侵条約が締結され、8/28に平沼内閣が総辞職する。 9/1 ドイツがポーランド侵攻を行い、第二次世界大戦が始まる。
一九四〇	昭和十五	阿部 **米内光政** **近衛文麿**	6/14 ドイツ軍がパリを占領する。 9/23 日本がフランス領北部インドシナへの占領開始(北部仏印進駐)。

一九四一	昭和十六	近衛	9/27 ドイツで日独伊三国同盟の調印がなされる。 10/12 大政翼賛会が発足する。 11/27 野村吉三郎が駐アメリカ大使に任命される。 4/13 ソ連で日ソ中立条約の調印がなされる。 4/16 アメリカのハル国務長官、戦争回避・延引を目的とする日米諒解案を野村大使から受け、日本政府に正式な訓令を要求する(日米交渉始まる)。 6/22 ドイツがソ連に侵攻し、独ソ戦が始まる。 7/21 日本がフランスのビシー政権に仏領南部インドシナ進駐を承認させる(7/28 南部仏印進駐開始)。 7/25 アメリカ、在米日本資産凍結令を公布する(7/26 イギリス、在英日本資産凍結)。 8/1 アメリカ、日本を含む「侵略国」への石油輸出全面禁止を発表する。 8/14 アメリカのルーズベルト大統領とイギリスのチャーチル首相、第二次世界大戦終結後の世界構想(大西洋憲章)を発表する。
		東条英機	10/18 東条英機内閣が発足する。 11/5 御前会議で、十二月初めまでに対米交渉不成立の場合は武力発動することを決定。 11/26 野村大使・来栖三郎特命全権大使がハル国務長官と会談、日本側

			の最終提案は拒否され、中国・仏印からの全面撤兵などを要求される（ハル・ノート）。 12/1 日本政府がアメリカ・イギリス・オランダとの開戦を決定する。 12/8 日本軍、イギリス領マレーへ侵攻する。同日、ハワイ真珠湾のアメリカ艦隊を攻撃する（太平洋戦争始まる）。
一九四二	昭和十七	東条	4/18 アメリカ軍が東京など日本本土へ初めて空襲を行う。 6/5 ミッドウェー海戦が始まる。この戦いで日本軍は空母四隻などをアメリカ軍により失い、海上・航空戦力で劣勢となる。
一九四三	昭和十八	東条	2/1 日本軍、ガダルカナル島占拠を断念、撤退を始める。 9/8 イタリア、連合国に降伏する。 10/2 在学徴集延期臨時特例が公布され、文科系在学生への徴兵猶予が撤廃される（学徒出陣始まる）。 12/1 米英中首脳会談で対日本処理方針（カイロ宣言）が発表される。
一九四四	昭和十九	東条 小磯国昭	7/7 サイパン島の日本軍が全滅する。 7/18 東条内閣が総辞職する。 7/22 小磯国昭内閣が発足する。 この年から、アメリカ軍が日本本土空襲を大規模に行う。

一九四五	昭和二十	小磯 鈴木貫太郎 東久邇宮稔彦王	2／19 アメリカ軍、硫黄島攻撃を始める(3／26 同島制圧)。 3／10 東京が夜間に大空襲を受ける(東京大空襲)。 4／1 アメリカ軍、沖縄本島に上陸(6／23 日本軍司令部が壊滅)。 5／8 ドイツ、連合国に降伏する。 7／26 米英中による対日本降伏要求、ポツダム宣言が発表される。 8／6 広島に原子爆弾が投下される。 8／8 ソ連、日本に宣戦布告する。 8／9 長崎に原子爆弾が投下される。 8／14 日本、連合国にポツダム宣言受諾を通告。 8／15 日本、詔書放送で降伏を国民に表明する。 9／2 日本、降伏文書に調印する。

参考文献

◉半藤一利 著作

『昭和史 1926-1945』(2004/平凡社ライブラリー)
『B面昭和史 1926-1945』(2016/平凡社ライブラリー)
『世界史のなかの昭和史』(2018/平凡社ライブラリー)
『昭和史探索 1926-1945』全6巻(ちくま文庫 2006~07)
『日本のいちばん長い日』(1965/文春文庫)
『ノモンハンの夏』(1998/文春文庫)
『ドキュメント 太平洋戦争への道』(図書出版社 1987/PHP文庫)
『いま戦争と平和を語る』(2010/日経ビジネス人文庫)
『あの戦争と日本人』(2011/文春文庫)
『墨子よみがえる』(2011/平凡社ライブラリー)
『「昭和天皇実録」にみる開戦と終戦』(岩波ブックレット 2015)
『15歳の東京大空襲』(ちくまプリマー新書 2010)
『歴史に「何を」学ぶのか』(ちくまプリマー新書 2017)
『靖国神社の緑の隊長』(幻冬舎 2020)
『戦争というもの』(PHP研究所 2021)

半藤一利編『なぜ必敗の戦争を始めたのか――陸軍エリート将校反省会議』(文春新書 2019)
半藤一利・保阪正康『「昭和」を点検する』(講談社現代新書 2008)
半藤一利・保阪正康『そして、メディアは日本を戦争に導いた』(東洋経済新報社 2013/文春文庫)
半藤一利・保阪正康『ナショナリズムの正体』(東洋経済新報社 2014/文春文庫)
半藤一利・保阪正康『総点検 日本海軍と昭和史』(毎日新聞社 2014)
半藤一利・加藤陽子『昭和史裁判』(2011/文春文庫)

◉加藤陽子 著作

『それでも、日本人は「戦争」を選んだ』(朝日出版社 2009/新潮文庫)
『戦争まで 歴史を決めた交渉と日本の失敗』(朝日出版社 2016)
『模索する一九三〇年代』(山川出版社 1993)
『戦争の日本近現代史』(講談社現代新書 2002)
『戦争の論理 ――日露戦争から太平洋戦争まで』(勁草書房 2005)
『満州事変から日中戦争へ(シリーズ日本近現代史5)』(岩波新書 2007)
『とめられなかった戦争(NHKさかのぼり日本史2 昭和)』(NHK出版 2011/文春文庫)
『昭和天皇と戦争の世紀(天皇の歴史8)』(2011/講談社学術文庫)
『天皇と軍隊の近代史』(勁草書房 2019)

◉保阪正康 著作
『昭和陸軍の研究』全2巻（1999／朝日選書）
『ナショナリズムの昭和』（幻戯書房 2016）
『五・一五事件――橘孝三郎と愛郷塾の軌跡』（草思社 1974／ちくま文庫）
『東條英機と天皇の時代』（現代ジャーナリズム出版会 1979／ちくま文庫）
『昭和天皇』全2巻（中央公論新社 2005／朝日選書）
『あの戦争は何だったのか　大人のための歴史教科書』（新潮新書 2005）
『昭和史の教訓』（朝日新書 2007）
『大本営発表という虚構』（光文社新書 2004／ちくま文庫）
『「特攻」と日本人』（講談社現代新書 2005）
『戦場体験者　沈黙の記録』（2015／ちくま文庫）
『日本人の「戦争観」を問う』（山川出版社 2016）
『近現代史からの警告』（講談社現代新書 2020）

◉戦争への歩み
日本国際政治学会 太平洋戦争原因研究部編『太平洋戦争への道　開戦外交史』全8巻（朝日新聞社 1962〜63）
橋川文三『アジア解放の夢（日本の百年7）』（1962／ちくま学芸文庫）

橋川文三・今井清一『果てしなき戦線（日本の百年8）』（1962／ちくま学芸文庫）
江口圭一『十五年戦争小史』（青木書店 1986／ちくま学芸文庫）
吉田裕『アジア・太平洋戦争（シリーズ日本近現代史6）』（岩波新書 2007）
倉沢愛子他編『岩波講座　アジア・太平洋戦争』全8巻（岩波書店 2005〜06）
松本清張『昭和史発掘』全9巻（1965〜72／文春文庫）
丸山眞男『超国家主義の論理と心理　他八篇』（1946〜57／岩波文庫）
久野収・鶴見俊輔『現代日本の思想——その五つの渦』（岩波新書 1956）
鶴見俊輔『戦時期日本の精神史　1931〜1945年』（1984／岩波現代文庫）
思想の科学研究会『共同研究　転向』全3巻（1962／東洋文庫）
リヒャルト・フォン・ヴァイツゼッカー／永井清彦訳『荒れ野の40年』（岩波ブックレット 1986）
筒井清忠編『昭和史講義——最新研究で見る戦争への道』（ちくま新書 2015）
筒井清忠『戦前日本のポピュリズム——日米戦争への道』（中公新書 2018）
森山優『日本はなぜ開戦に踏み切ったか——「両論併記」と「非決定」』（新潮選書 2012）
井上寿一『戦争調査会——幻の政府文書を読み解く』（講談社現代新書 2017）
山室信一『キメラ　満洲国の肖像』（中公新書 1993）
波多野澄雄他『決定版　日中戦争』（新潮新書 2018）
桜井均『テレビは戦争をどう描いてきたか』（岩波書店 2005）
朝日新聞「新聞と戦争」取材班『新聞と戦争』（2008／朝日文庫）

大森淳郎「シリーズ　戦争とラジオ」『放送研究と調査』［2017〜（連載中）］（NHK放送文化研究所）
中田整一『盗聴　二・二六事件』（2007／文春文庫）
NHK取材班『日米開戦　勝算なし（太平洋戦争　日本の敗因1）』（1993／角川ソフィア文庫）
NHKスペシャル取材班『日本人はなぜ戦争へと向かったのか―外交・陸軍編』（NHK出版　2011／新潮文庫）
NHKスペシャル取材班『日本人はなぜ戦争へと向かったのか――メディアと民衆・指導者編』（NHK出版　2011／新潮文庫）
NHKスペシャル取材班『日本人はなぜ戦争へと向かったのか――果てしなき戦線拡大編』（NHK出版　2011／新潮文庫）
NHKスペシャル取材班『日本海軍400時間の証言――軍令部・参謀たちが語った敗戦』（NHK出版　2011／新潮文庫）
NHKスペシャル取材班『戦慄の記録　インパール』（岩波書店　2018）
NHKスペシャル取材班『731部隊の真実』（KADOKAWA　2021）
NHK戦争証言アーカイブス　https://www.nhk.or.jp/archives/shogenarchives/

おわりに

本書は、もともとは二〇一七年（平成二十九年）八月に、ＮＨＫのラジオ番組で作家の半藤一利さん、東京大学教授の加藤陽子さん、そして私の三人で「太平洋戦争への道筋」を語りあったのが土台になっている。太平洋戦争が「同時代史」から「歴史」に移行していくときに、どのような見方を採るべきか、を話し合ったのである。加藤さんはアカデミズムの側にあり、資料の分析、具体的な史実の内容とその関係性などを話されることに、私も半藤さんも畏敬の念を持っていた。

逆に半藤さんも私も、ジャーナリズムの側にいて、関係者の話はよく聞いていたが、アカデミズムの側とは異なるかたちで史実と接してきた。

幸いというべきだろうが、このラジオ番組は好評であったという。私の周辺でも、なるほどと頷くことができたとの声を聞いて、加藤さんや半藤さんの話の奥行きに関心を持つ人は多いとの感想を持った。

いずれにしても昭和史（いや近現代日本史というべきか）は、私たちの日常生活での疑問を解くのに最良の教師であることは事実である。半藤さん自身、「昭和史には全ての問いの答えがある」としばしば語っていた。それほどの宝庫だというのである。私もこの意見に全く同感なのである。特に今年（二〇二一年）は、真珠湾攻撃から数えて八十年である。節目といった言い方は好むところではないが、それでも歴史として振り返って教訓に注目することは意味があるであろう。

かつてのラジオ番組のディレクターとして、この番組をまとめられた児島芳樹氏のお骨折りで今回、こうして一冊の書にまとめられることになった。書にまとめられる話が進んでいくときには、半藤さんも健在で、「なぜ真珠湾に至ったかは入り口であり、日本の一番長い日（保阪注：ポツダム宣言を国民的に受け入れた日、つまり一九四五年八月十五日）は出口の関係になるからな」とよく言っていた。体調を崩され、本年一月十二日にお亡くなりになった。改めてご冥福（めいふく）をお祈りしたい。半藤さんの昭和史に向き合う姿勢は、私にとって良き師の姿である。その志を守っていきたいと思う。

半藤さんとは対談本を刊行するために、実に五十回以上も対談、座談を繰り返してきた。大体の考えは熟知している。一部は半藤さんの見方も取り入れていることはご理解いただければと思う。半藤史観（庶民の側に立つ、わかりやすく書く、軍事国家礼賛の表現は用いない）を私は貴重な歴史観だと思っている。

本書には各章に解説が施してある。これは私（保阪正康）が書いた一文である。お断りしておくが、この記述の見解、感想などはすべて保阪の考えであり視点である。加藤さん、半藤さんとは異なる見解などもあるだろうが、解説を書いた保阪の責任においてまとめたことをご理解いただきたい。この解説が読者の皆様に何らかのかたちでお役に立つのであれば、私にはこれにすぐる喜びはない。

ＮＨＫの児島芳樹さん、ＮＨＫ出版の加藤剛さんをはじめ、皆様のご協力に改めて感謝いたします。

二〇二一年五月　コロナ禍の終焉を祈りつつ

保阪正康

【放送記録】

特集番組『太平洋戦争への道〜戦前日本の歴史の選択〜』

2017年8月15日(火)20:05〜21:55放送
(NHKラジオ第1)

出演　半藤一利(作家)　保阪正康(ノンフィクション作家)
　　　加藤陽子(東京大学大学院教授)
語り　末田正雄　渡邊あゆみ
音声　眞島大夢　渡辺暁雄
音響効果　浦上悦子
編集　緒方朋恵
ディレクター　児島芳樹
制作統括　碓田 潔

編集協力　安田清人（三猿舎）
校閲　高松完子
図版　小林惑名
DTP　山田孝之

半藤一利 はんどう・かずとし
1930年生まれ。作家。文藝春秋に入社し、
「週刊文春」「文藝春秋」などの編集長を歴任。2021年1月逝去。
著書に『日本のいちばん長い日』『ノモンハンの夏』『昭和史』など。

加藤陽子 かとう・ようこ
1960年生まれ。東京大学大学院人文社会系研究科教授。
著書に『それでも、日本人は「戦争」を選んだ』
『昭和天皇と戦争の世紀(天皇の歴史8)』『とめられなかった戦争』など。

保阪正康 ほさか・まさやす
1939年生まれ。ノンフィクション作家。
「昭和史を語り継ぐ会」主宰。
著書に『昭和陸軍の研究』『あの戦争は何だったのか』など。

NHK出版新書 659

太平洋戦争への道 1931–1941

2021年 7 月10日 第1刷発行
2021年11月25日 第6刷発行

著者 半藤一利 加藤陽子 保阪正康［編著］

発行者 土井成紀

発行所 NHK出版
〒150-8081 東京都渋谷区宇田川町41-1
電話 (0570) 009-321(問い合わせ) (0570) 000-321(注文)
https://www.nhk-book.co.jp (ホームページ)
振替 00110-1-49701

ブックデザイン albireo

印刷 新藤慶昌堂・近代美術

製本 藤田製本

Printed in Japan ISBN978-4-14-088659-5 C0221

NHK出版新書好評既刊

NHK出版新書好評既刊

新・いのちを守る気象情報
斉田季実治
激甚化する自然災害にどう備えるか。人気の気象キャスターが、気象情報の読み方と防災知識を徹底解説。前著の情報を更新した改訂最新版！
654

宗教の本性
誰が「私」を救うのか
佐々木閑
科学にも通じる仏教学者が、一神教、多神教、二元論宗教、イデオロギーまで、「なぜ人間は宗教なしで生きられないのか」を解き明かす、究極の宗教論。
656

子どもの目が危ない
「超近視時代」に視力をどう守るか
大石寛人
NHKスペシャル取材班
スマホやタブレットの使用、ゲームのやり過ぎが、子どもの深刻な近視を引き起こしている。科学的根拠のある治療法を徹底取材をもとに紹介する。
657

サボる哲学
労働の未来から逃散せよ
栗原康
「はたらかざるもの食うべからず」。そんな世界は正常か？ 気鋭のアナキスト文人が資本主義下の労働倫理を解体し、そこから逃亡する道を拓く！
658

太平洋戦争への道
1931-1941
半藤一利
加藤陽子
保阪正康［編著］
昭和史研究のスペシャリストが集結して話題を呼んだNHKラジオ番組の書籍化。昭和日本が犯した「最大の失敗」から、令和日本が進む道を提言する。
659